SWEDISH SHORT STORIES FOR BEGINNERS

20 Captivating Short Stories to Learn Swedish & Increase Your Vocabulary the Fun Way!

Easy Swedish Stories

Lingo Mastery

www.LingoMastery.com

ISBN: 978-1-951949-36-5

Free Book Reveals the 6-Step Blueprint That Took Students **from Language Learners to Fluent in 3 Months**

- **6 Unbelievable Hacks** that will accelerate your learning curve

- **Mind Training:** why memorizing vocabulary is easy

- **One Hack to Rule Them All:** This <u>secret nugget</u> will blow you away...

Head over to **LingoMastery.com/hacks**
and claim your free book now!

CONTENTS

INTRODUCTION

Learning a new language can be challenging, but this book offers a new and exciting approach to language learning. Immersion is one of the best ways to become fluent, and we have used this as inspiration to create an alternative to traditional grammar-based education. We will take the experience out of the classroom and straight into "det svenska samhället" — Swedish society. We achieve this by introducing you to a collection of Swedish short stories.

Sweden has a population of approximately 10 million people, and an estimated 80% speak Swedish as a first language. Finland — Sweden's neighbor to the East, also has Swedish as one of its official languages, and those who speak it are commonly known as "Finlandssvenskar" (Finland-Swedes). Moreover, in the United States, it is believed that around half a million Swedish descendants speak Swedish.

Everyone has their own reasons for wanting to learn Swedish: perhaps you watched a Swedish movie and fell in love with the language, or maybe your partner is a native Swede? Relocating for a new job might be what motivates you to learn, or you could just be looking for a fun challenge! Sweden is an interesting country to visit, and while most people you meet will speak excellent English - there is a part of Sweden you won't get to experience unless you speak the language.

Speaking and understanding Swedish is required when applying for many jobs and knowing the language could be compared to

1

opening up a window into another culture. Sure, you can get by speaking only English, but you will be watching everything through a hypothetical window. Once you start learning, you will quickly discover how your newly acquired skills allow you to unlock that window and breathe in the air on the other side.

Would you believe us if we said there is a way for you to learn to master Swedish without feeling like you are studying? Well, there is! Keep reading.

What the following book is about

We've written this book to provide you, as a Swedish learner, with short, captivating stories that take place in a range of settings throughout Sweden. The main characters vary in age and background, as do the topics and plots of the stories, which makes them very relatable and engaging.

Special attention was paid to the length, vocabulary level and grammatical complexity of the language used in the stories so that they are perfect for upper beginner and lower intermediate levels. The type of language used is very natural, with plenty of dialogue, which very closely reflects real life conversations and therefore supports the improvement of both receptive (reading and listening) and productive (speaking and writing) language skills.

Our goal with this book is to provide you with useful, entertaining, helpful and challenging material that will not only allow you to learn the language but also help you pass the time and make the experience less formal and more fun — just like any good language lesson should be. We will not bore you with grammar notes, spelling rules or syntax; the book has been carefully written and revised to ensure that it naturally covers those aspects without having to go into complicated rules like most textbooks do.

Many people tend to think stories only appeal to children, but they can be enjoyed by adults in pretty much the same way! Each story in our book will introduce a lot of new vocabulary in a very natural way, and the characters and plot will give these words meaning through context and help you store them in your memory. The protagonists will learn valuable life lessons, experience surprising events, live through difficult moments, and maybe even fall in love, and you will be able to memorize the words used to describe their experiences thanks to the emotions attached to them.

How *Swedish Short Stories for Beginners* has been laid out

Each chapter revolves around a story that was purposefully set in a very different background to the previous one, enabling us to introduce a wide range of vocabulary each time.

Every chapter consists of the following:

1. A story about a familiar situation that you can easily read in one sitting which never includes more than a few characters, making it easy to follow the storyline and take in the new vocabulary.
2. A short summary of the story's main events both in Swedish and English, which is the first tool to help you improve your understanding.
3. A vocabulary list with the English translation of the words that were highlighted in bold throughout the text. We have tried to make sure that new vocabulary is accumulative, meaning that most new words only appear highlighted once, and other words are prioritized in subsequent chapters. However, repetitions may be present where relevant.
4. A list of five multiple-choice questions about each text with answers to help you test your comprehension and learn some more vocabulary.

This format has proven to work very well, since the length of the stories is very manageable and gives you just the right amount of vocabulary to take in. The book has been designed for you to use autonomously without any outside help, apart from perhaps a dictionary.

Recommendations for readers of Swedish Short Stories for Beginners

Before you begin reading, we have a quick list of recommendations, tips and tricks for getting the most out of this book.

1. Read the stories without any pressure: feel free to return to parts you didn't understand and take breaks when necessary. This is like any fantasy, romance or sci-fi book you'd pick up, except with slightly different goals.

2. Feel free to use other resources to complement your learning experience: while we've provided you with plenty of material to help you learn new vocabulary and grammar, you may want to look at other textbooks or search for helpful texts on the internet — do not think twice about doing so! We even encourage it.

3. Find other people to learn with: while learning on your own can be fun, it might be helpful to have friends or family join you on the tough language learning journey. Find a like-minded person to accompany you, and you may soon find yourself competing to see who can learn the most!

4. Feel free to highlight any expressions you feel might be especially useful to you. The dialogues have been written in a very natural way and closely resemble everyday conversations in Swedish, so if you use them next time you speak or write Swedish — you'll instantly sound more like a native speaker!

5. Swedish grammar is not overly complicated once you start learning. There are only two grammatical genders for nouns, similar to how "a" and "an" is used in English, and these are known as "en" and "ett". While "en" is significantly more

5

commonly used, there is nothing to indicate when you should use one or the other, and it is simply a question of learning which grammatical gender goes with which word.

As this is a very broad topic, we encourage you to study it separately. Remember that declension affects the form of both nouns and adjectives, and it varies depending on the gender as well as amount. In the vocabulary lists, we have chosen to include each entry as written in the story, to help you understand how a word or a phrase is used in a specific context.

There is no difference between object and subject form when it comes to Swedish nouns, and this is an advantage when trying to learn. When wanting to form the genitive, all you need to do is add an 's' directly to the word, without the need for an apostrophe, like you would in English.

When using plural, to make it simple, you could say that there are five different ways a Swedish noun can end, and these would be the following:

- -n
- -ar
- -or
- (e)r
- No ending

We also need to remember that there are definite and indefinite nouns in Swedish, similar to the difference between "a" and "the" (a cat vs. the cat). In Swedish, however, it is the ending of the noun itself that changes. It is the end of the noun that determines whether it is definite or indefinite, and these endings can for example be "-an", "-en" and "-et". The indefinite word "katt" (cat) becomes definite when you add -en at the end: "katten" (the cat).

6. Swedish verbs are not affected by how many or who is doing something (jag/han/hon/den/det/vi/ni/de springer), which we recognize from the English language, but the verbs are affected by imperative, indicative, subjunctive, past and present tense.

Again, we are unable to cover the whole topic of Swedish grammar here, so feel free to read more on this subject on your own.

CHAPTER 1

VÄLKOMMEN HEM

Flygvärdinnan log mot Amanda när hon klev av **flygplanet**. Hon var äntligen hemma, och det kändes nästan overkligt att andas in den friska och svala luften som mötte henne i dörren. Det hade bara gått elva månader sedan hon var där sist, men så mycket hade hänt sedan dess. Trots att allt såg precis **likadant** ut så var det som om Amanda såg allt för första gången. Tät skog omgav **landningsbanan** och själva **flygplatsen** var så mycket mindre än vad hon mindes den! Hade den alltid varit så liten? Det var kyligt i luften **trots** att det var mitt i juni, och det var så tyst - speciellt om man **jämförde** med New York där hon hade stigit på flygplanet. Amanda tog de sista stegen nerför trappan **samtidigt** som hon höll hårt i **handbagaget**, och började sedan gå mot **ingången** i snabb takt. Där inne väntade hennes mamma, pappa och hennes yngre bror - åh vad de måste vara glada över att **snart** få se sin älskade dotter och storasyster igen!

Flygplatsen såg **nästan** mindre ut på **insidan** än vad den gjorde på **utsidan**, något som gjorde det uppenbart att Amanda **inte längre** befann sig i en storstad. Hon tittade sig omkring efter familjens **välbekanta** ansikten, men trots att folk stod där och väntade så såg hon dem **ingenstans**. Konstigt, tänkte hon, hon hade ju **berättat för dem** att flygplanet skulle landa klockan 13.05. De hade lovat att de skulle **hämta** henne där. **Kanske** satt de fast i trafiken? Hon hann knappt **tänka** tanken innan hon skrattade för sig själv. Det var sällan trafik **mellan** Krokom och flygplatsen på

Frösön, och för en sekund så hade hon nästan glömt att hon inte längre befann sig på USA:s **östkust** i staden som **aldrig** sover. När hon insåg detta så kände hon sig orolig. Hade det hänt någonting? Hon tog fram och **avaktiverade** mobilens **flygplansläge**, och det plingade till direkt med ett nytt **meddelande i inkorgen**.

"Välkommen hem, **gumman**," stod det i meddelandet, "Ring oss när du ser det här. **Kram!**"

Med en **suck** så ringde Amanda upp sin mamma. Hennes föräldrar brukade alltid vara i tid, och det var **olikt** dem att inte hålla vad de lovade. Hon satte sig på en bänk medan hon väntade på att signalerna skulle gå fram.

"Hallå?" Det var hennes mammas röst.

"Hej..?"

"Åh, hej **älskling**! Vad skönt att du är framme! Gick resan bra?"

"Jadå, allt gick jättebra," svarade Amanda **tveksamt**, "Vart är ni?"

"Förlåt gumman, vi har lite problem med bilen! Pappa är ute och försöker fixa det nu."

Amanda kunde inte hjälpa det, men hon kände sig **plötsligt** ledsen, och kanske till och med **besviken**. Att lämna norra Sverige och åka till USA för ett år som **utbytesstudent** hade varit både fantastiskt och **otroligt** jobbigt, då hon hade saknat sin familj. Hon hade hoppats att hennes familj saknade henne lika mycket som hon saknade dem, men nu stod hon där ensam på flygplatsen. Det var inte det välkomnande hon hade hoppats på.

"Okej," Amanda försökte låta som vanligt, "ska jag vänta på er, eller..?"

"Det kommer nog ta ett tag," sa Amandas mamma, "du kanske kan ta en taxi?"

Medan de andra passagerarna **återförenades** med sina nära och kära så stod Amanda där med tre stora **resväskor** och ett handbagage. Det var inte första gången hon tog en taxi, men den här gången kändes det **annorlunda**. Det hade börjat regna när hon klev ut från flygplatsen. Hon hade trott att det skulle kännas bra att komma hem, men **istället** saknade hon nu sina vänner från universitetet i New York, sin **studentlägenhet** och allt som hon **nyss** hade lämnat. Allt hade känts bättre om hennes familj hade varit där för att möta henne, men nu skulle hon **helt enkelt** vara tvungen att ta en taxi hem till Krokom.

"Behöver du en taxi?"

Det var nästan som om **taxichauffören** hade läst hennes tankar. Amanda **nickade**. Hon var ju 23 år gammal, **trots allt**, och vuxen. Hon klarade det här. Mannen såg ut att vara i 50-årsåldern, han hade grått hår, skägg och mustasch, och han log stort mot Amanda.

"Ja tack," svarade hon, "jag behöver en taxi."

"Absolut! Vänta så ska jag hjälpa dig," sa taxichauffören, och började lasta in resväskorna i bilens **bagageutrymme**. "Sådär ja, ska vi åka då?"

Amanda klättrade in i **baksätet** och tog ett djupt andetag. Kanske hade hon överreagerat lite, då att ta en taxi inte alls var **särskilt** svårt egentligen, och snart skulle hon vara hemma med sin familj.

"Vart vill du åka?" Taxichauffören tittade på henne i **backspegeln**.

"Till Krokom, tack."

"Det går jättebra," sa han och log igen, "har du varit borta länge?"

"Ja ganska," svarade Amanda, "hur visste du det?"

"Du har ganska många resväskor."

Amanda skrattade lite. Det var sant - hon hade väldigt många resväskor.

"Jag har varit i USA i elva månader."

"Jaha, vad roligt! Vad gjorde du där?"

"Jag studerar till **lärare**," sa Amanda, "och jag åkte dit på ett **utbytesår**."

Amanda och taxichauffören småpratade under resans gång, och de närmade sig allt mer Amandas **hemort**. När de svängde in i **rondellen** så började Amanda känna att hon verkligen var **hemma**. Det var tomt på gatorna, kanske på grund av det dåliga vädret, och även om Amanda hade hoppats att hon skulle bli hämtad av sin familj så kändes det ändå bra att vara **tillbaka**. Hon tog fram telefonen igen och skrev ett snabbt meddelande till sin mamma.

"Hej mamma! Nu är jag nästan framme."

Det kom inget svar, trots att resan tog ytterligare fem minuter, och när de svängde in på **uppfarten** så såg det mörkt ut i huset! Precis som om det inte var någon hemma. Taxichauffören stannade bilen, la i handbromsen och tryckte på en knapp på taxametern.

"Det blir 970 kronor."

Det var mer än vad Amanda hade räknat med, och hon insåg plötsligt att hon hade glömt något väldigt viktigt! Hon hade bara amerikanska dollar, och inga svenska pengar! Hur skulle hon nu betala? Amandas **kinder** hettade.

"Oj," mumlade hon, "jag glömde ta ut **kontanter**!"

"Det är **ingen fara**, vi tar **bankkort** också!"

11

Han pekade på **kortläsaren** och Amanda suckade lättat. Ja just det, man kan ju betala med kort i de flesta taxibilarna i Sverige, det hade hon också glömt. Amanda betalade taxiresan med sitt bankkort, tackade för sig och klev ut ur bilen. Huset såg fortfarande lika mörkt och **övergivet** ut. Nu kände hon sig riktigt bortglömd.

Det var en olycklig Amanda som gick upp för trappan och fram till husets **ytterdörr**. Resväskorna lämnade hon ståendes på gräsmattan. Hon öppnade dörren, klev in i den mörka hallen och tittade sig omkring. Det var tomt. Hon gick vidare till **vardagsrummet**, och precis när hon klev över tröskeln så utbröt ett jubel! Amanda hoppade högt av förvåning. Lampan tändes, och där stod hennes mamma, pappa, lillebror och flera av hennes bästa vänner. Alla log, skrattade och klappade händerna, och på väggen hängde en enorm skylt där det stod "VÄLKOMMEN HEM AMANDA" med stora **bokstäver**. De hade inte glömt bort henne, trots allt.

Sammanfattning av historien

Amanda har varit i USA som utbytesstudent i elva månader, och hon har precis kommit hem med flyget. Hon ser fram emot att träffa sin familj som väntar på henne på flygplatsen, eller åtminstone så tror hon att de väntar där. När hon kommer in i väntsalen så hittar hon dem ingenstans, trots att de hade lovat att de skulle komma, och Amanda känner sig besviken. Det visar sig att Amandas föräldrar har fått fel på bilen och Amanda måste ta en taxi hem. Under resans gång så pratar hon lite med taxichauffören, men när de kommer fram så kommer hon på att hon inte har några svenska kontanter! Som tur är så går det att betala med bankkort och allt löser sig. Det verkar vara tomt i huset när hon går in, men sedan blir Amanda överraskad av sin familj och sina vänner som har förberett en överraskningsfest!

Summary of the story

Amanda has just come back to Sweden after spending 11 months in the United States as an exchange student. She is looking forward to seeing her family - they are waiting for her in the arrival hall at the airport - or at least she thinks they are. When she walks in, she realizes that they are nowhere to be seen, even though they promised to be there, and Amanda is disappointed. As it turns out, her parents are having car trouble and she is forced to take a taxi home. She talks to the taxi driver on the way back, but when they reach their destination, she realizes she doesn't have any Swedish cash! Luckily, she is able to pay with a card and everything works out fine. The house appears empty as she walks inside, but then Amanda is surprised by her friends and family. They have thrown her a surprise party!

Vocabulary

flygvärdinnan: the flight attendant
flygplanet: the airplane
likadant: the same
landningsbanan: the runway
flygplatsen: the airport
trots: despite
jämförde: compared
samtidigt: at the same time
handbagaget: the carry-on luggage
ingången: the entrance
snart: soon
nästan: almost
insidan: the inside
utsidan: the outside
inte längre: no longer
välbekanta: familiar
ingenstans: nowhere
berättat för dem: told them
kanske: maybe, perhaps
hämta: to collect, retrieve
tänka: to think
mellan: between
östkust: East Coast
aldrig: never
avaktiverade: deactivated
flygplansläge: flight mode
meddelande: message

inkorgen: inbox
gumman: honey, sweetie
kram: hug
suck: sigh
olikt: unlike
älskling: darling
tveksamt: hesitantly
plötsligt: suddenly
besviken: disappointed
utbytesstudent: exchange student
otroligt: tremendously
återförenades: reunited
resväskor: suitcases
annorlunda: different
istället: instead
studentlägenhet: student apartment
nyss: just, recently
helt enkelt: simply
taxichauffören: the taxi driver
nickade: nodded
trots allt: after all
bagageutrymme: trunk, boot, luggage compartment
baksätet: the backseat
särskilt: particularly, especially

backspegeln: the rearview mirror
lärare: teacher
utbytesår: exchange year
hemort: hometown
rondellen: the roundabout
tillbaka: back
uppfarten: the driveway
kinder: cheeks

kontanter: cash
ingen fara: no worries
bankkort: bank card
kortläsaren: the card reader
övergivet: abandoned
ytterdörr: front door
vardagsrummet: the living room
bokstäver: letters (alphabet)

Questions about the story

1. **Vad gjorde Amanda i USA?**

   a) Hon jobbade som Au Pair
   b) Hon hälsade på släktingar
   c) Hon reste runt på östkusten
   d) Hon studerade som utbytesstudent

2. **Varför kom inte Amandas föräldrar till flygplatsen?**

   a) De hade glömt
   b) De ville inte komma
   c) De var fast i trafiken
   d) De hade planerat en överraskning

3. **Hur många resväskor hade Amanda?**

   a) Två resväskor
   b) Tre resväskor
   c) Fem resväskor
   d) Bara ett handbagage

4. **Vad glömde Amanda?**

   a) Ringa till sin mormor
   b) Köpa presenter till familjen
   c) Ta ut pengar till taxin
   d) Hämta ut sina väskor

5. **Vilka hade lovat att hämta Amanda?**

   a) Mamma, pappa och storebror
   b) Mamma, pappa, lillasyster och lillebror
   c) Mamma, pappa, mormor och morfar
   d) Mamma, pappa och lillebror

Answers

1. D — She was an exchange student
2. D — They had planned a surprise
3. B — Three suitcases
4. C — Withdraw cash for the taxi
5. D — Mom, dad and younger brother

CHAPTER 2

EN OFÖRGLÖMLIG DEJT

Sofie Elofsson hade varit **ensamstående mamma** och **singel** i fyra år. Hon hade **bestämt** sig för att börja dejta igen, och hennes bästa kompis hade tipsat om en dejtingapp som hon kunde **ladda ner** på telefonen. Den var gratis, och där gick det att träffa andra **män** och **kvinnor** som också var intresserade av att dejta. Redan första dagen så fick hon ett meddelande. Rikard, 43, som gillade hundar, kaffe, **cykelturer** och fiske. Han hade **mörkt hår**, var **renrakad** och log stort på alla bilderna. Sofie kunde inte **förneka** att han var riktigt snygg.

"Hej Sofie," stod det i meddelandet, "jag ser att du **också** gillar hundar och kaffe. **Har du lust** att träffas?"

Först var Sofie lite osäker. Hon hade inte dejtat sedan hon **skilde sig** från barnens pappa, så tänk om hon hade glömt hur man gjorde? **Tillslut** bestämde hon sig för att ge Rikard en chans. Hon hade ju inget att **förlora**, och de **kom överens** om att träffas klockan 19.00 samma dag på stans populäraste kafé. Nästa steg var att välja vad hon skulle ha på sig på dejten. Sofie provade först ett par jeans och en rosa **kortärmad** tröja, och därefter provade hon en **åtsittande** klänning, men den kändes lite för elegant för ett kafé. Sist men inte minst så provade hon en ljusblå sommarklänning med ett skärp i midjan. Den kändes helt rätt.

Kaféet där Sofie och Rikard **skulle** träffas låg två kilometer bort. Först tänkte Sofie ta bilen, men hon bestämde sig för att ta cykeln istället. Rikard hade ju skrivit att han gillade cykelturer, så han kanske skulle bli imponerad om hon cyklade. Hon cyklade **längs** en cykelväg, först i **nedförsbacke** och sedan i **uppförsbacke**, och det var varmt ute trots att det redan var kväll. Det var **första gången** hon cyklade på flera månader, och hon **ångrade** snabbt sitt val. När hon kom fram till kaféet var hon **utmattad** och **klibbig av svett**. Det var inte ett bra **första intryck** på en dejt.

När hon kom in på kaféet tittade hon sig **omkring**. Det satt en mörkhårig man i ena hörnet, men han hade skägg! I övrigt var han ganska lik mannen på bilderna. Sofie blev osäker - var det Rikard? Plötsligt blev hon ännu mer nervös, och hon bestämde sig för att beställa en kaffe först. Hon **låtsades** att inte se mannen i hörnet.

"Hej," sa Sofie till kvinnan **bakom disken**, "jag vill ha en kaffe, tack!"

"Okej," sa kvinnan och log, "vilken sorts kaffe vill du ha?"

"Hmm, vilka sorter finns det?"

Sofie **tittade** bort mot mannen i hörnet - han **stirrade** rakt mot henne! Det kanske var Rikard, trots allt? Hon log lite, och mannen log tillbaka, och därefter så vände hon sig till kassörskan igen. Kassörskan **pekade på** en stor meny uppsatt på väggen.

"Vi har lite av varje," sa hon **tålmodigt**, "Latte, Cappuccino..."

"En Cappuccino blir bra, tack."

"Absolut. Vill du ha **vanlig mjölk**?"

"Ja... eller förresten, har ni **mandelmjölk**?"

"Vi har mandelmjölk, kokosmjölk, laktosfri mjölk, sojamjölk och vanlig mjölk."

"Mandelmjölk, tack."

"Vanligt **socker**?"

"Ja tack."

"Namn?"

"Sofie."

"Det blir 49 kronor, tack!"

Hon betalade för sin Cappuccino, och när **hon vände sig om** stod mannen med skägget bakom henne! Hon **rodnade** och fixade till håret. Det här med att dejta var inte lätt.

"Hej," Sofie skrattade nervöst, "**Trevligt att träffas**! Det är jag som är Sofie."

"Ja okej," mannen log, "jag hörde det."

"Du har skägg!"

"Ja, det har jag..!"

"**Snyggt**."

Mannen såg lite förvirrad ut, skrattade högt och tackade för komplimangen. Sofie tog ett djupt **andetag**. Hon hade fått honom att **skratta**, det var väl ett bra tecken? Hon kanske inte hade glömt hur man dejtade trots allt. Både Sofies och mannens **beställningar** var klara samtidigt, och hon **följde efter honom** till bordet i hörnet. Han satte sig **på ena sidan**, och Sofie satte sig **på andra sidan**. Mannen tittade henne rakt i ögonen. Sofie log. Hon var inte lika nervös längre.

"Det är första gången jag gör något sånt här," sa hon och smakade på sin Cappuccino. Den var väldigt het.

"Okej," mannen la armarna i kors, "jo, det kan jag tänka mig."

Därefter berättade Sofie om cykelturen till kaféet, om sina två barn, om **familjens hund** Alfred, **exmaken** och om planerna för sommaren. Mannen var tystlåten av sig, men Sofie tänkte att han kanske bara var **blyg**. Han log **i alla fall** hela tiden, och han hade ett väldigt **fint leende**. Det var ju roligt att dejta, och inget att vara nervös för.

"Du då," frågade Sofie, "Har du barn?"

"Jag har tre barn."

"Oj, wow! Träffas ni ofta?"

"Ja, alltså, vi bor ju tillsammans."

En pappa med tre barn, det var imponerande! Sofie var både **förvånad** och **förundrad**. Han var säkert en bra förälder, och det var **viktigt** för Sofie. Det enda som irriterade henne lite var att han hade tagit fram sin telefon! Det kanske var **barnvakten** eller jobbet?

"Är allt okej?"

"Ja det är **ingen fara**," sa mannen utan att titta upp från telefonen, "det är bara min **fru**."

"Din fru?!" Sofie var chockad. "**Är du gift**?"

"Jag är gift, ja."

Sofie förstod **ingenting**. Hon hade tagit för givet att alla på **dejtingappen** var singlar, precis som hon själv, och att de också letade efter kärleken. Den här mannen var gift och **borde inte** använda en dejtingapp **överhuvudtaget**! Sofie ställde sig ilsket upp. Mannen såg förvånad ut.

"Varför sa du ingenting?! **Otrohet** är det värsta jag vet," nästan skrek hon, "och män som du är patetiska. Gå hem till din fru och sluta träffa tjejer på internet."

"Men…"

Mannen försökte säga något, och han log fortfarande, vilket gjorde Sofie ännu argare. Det här var inte okej, och hon ryckte till sig sin väska och sträckte sig efter kaffemuggen. Det var då hon såg hans kaffemugg, och namnet som stod på muggen: Erik. Inte Rikard. Erik. Hon tog fram sin egen telefon i **ren panik**. Hon hade ett oläst meddelande.

"Hej! Jag kan tyvärr inte komma! Hunden har blivit sjuk. Kan vi ta det en annan dag istället? Rikard."

Sammanfattning av historien

Det är dags för Sofie att börja dejta igen. Hon laddar ner en dejtingapp och stämmer dejt med en man - Rikard. De bestämmer sig för att träffas på ett kafé för att lära känna varandra. När hon kommer dit så ser han lite annorlunda ut jämfört mot bilderna, och Sofie känner först inte igen honom. Hon tar dock mod till sig och börjar prata - men hon får en chock när han säger att han är gift! En gift man ska väl inte dejta andra? Sofie blir arg och skäller ut mannen, men det visar sig att han inte är hennes dejt, utan en helt annan man! Hon har satt sig ner med någon helt annan och gjort bort sig totalt.

Summary of the story

Sofie is ready to start dating again. She downloads a dating app and sets up a date with a man - Rikard. They agree to meet at a local café to get to know each other. When she gets there, he doesn't look quite like his pictures, and Sofie doesn't recognize him at first. She finds her courage, though, and goes to sit down, but is shocked when she finds out he is married! A married man shouldn't be dating, should he? Sofie gets mad and scolds the man, but as it turns out, he is not her date for the night! She has sat down with a random man and made a complete fool of herself.

Vocabulary

ensamstående mamma: single mom

singel: single

bestämt: decided

ladda ner: to download

män: men

kvinnor: women

cykelturer: bike rides

mörkt hår: dark hair

renrakad: clean shaven

förneka: deny

också: also, as well

har du lust: do you feel like, would you want to

skilde sig: got divorced

tillslut: finally, at last

förlora: lose

kom överens: agreed

kortärmad: short-sleeved

åtsittande: tight (clothes)

skulle: would

längs: along

nedförsbacke: downhill

uppförsbacke: uphill

första gången: first time

ångrade: regretted

utmattad: exhausted

klibbig av svett: sticky with sweat

första intryck: first impression

omkring: around

låtsades: pretended

bakom disken: behind the counter

tittade: looked

stirrade: stared

pekade på: pointed at

tålmodigt: patiently

vanlig mjölk: regular milk

mandelmjölk: almond milk

socker: sugar

betalade: paid

hon vände sig om: she turned around

rodnade: blushed

trevligt att träffas: nice to meet you

snyggt: cute, neat

andetag: breath

skratta: to laugh

beställningar: orders

följde efter honom: followed him

på ena sidan: on one side

på andra sidan: on the other side

därefter: then, thereafter

familjens hund: the family dog
exmaken: the ex-husband
blyg: shy
i alla fall: anyway, at least
fint leende: nice smile
förvånad: surprised
förundrad: amazed
viktigt: important
barnvakten: the babysitter

ingen fara: no worries
fru: wife
är du gift: are you married
ingenting: nothing
dejtingappen: the dating app
borde inte: should not
överhuvudtaget: at all
otrohet: infidelity
ren panik: sheer panic

Questions about the story

1. **Vem rekommenderade dejtingappen?**

   a) Sofies arbetskollega

   b) Sofies syster

   c) Sofies exman

   d) Sofies bästa vän

2. **Vilken färg var Sofies klänning på dejten?**

   a) Ljusblå

   b) Mörkblå

   c) Rosa

   d) Lila

3. **Vilken sorts mjölk valde Sofie?**

   a) Vanlig mjölk

   b) Laktosfri mjölk

   c) Mandelmjölk

   d) Kokosmjölk

4. **Hur visste mannen att hon hette Sofie?**

   a) Han kände henne sedan tidigare

   b) Han frågade henne vad hon hette

   c) Han såg namnet på kaffemuggen

   d) Han hörde när hon sa det till baristan

5. **Varför kom aldrig Rikard?**

   a) Han var försenad

   b) Hans hund var sjuk

   c) Han var med om en olycka

   d) Han ville inte komma

Answers

1. D — Sofie's best friend
2. A — Light blue
3. C — Almond milk
4. D — He overheard when she told the barista
5. B — His dog was sick

CHAPTER 3

BÄTTRE SENT ÄN ALDRIG?

De flesta blir föräldrar den dag som deras barn föds, men så var det **inte riktigt** för Evert Edholm. Evert hade levt hela sitt 78-åriga långa liv i **ensamhet**. Visst hade han två systrar som fortfarande var i livet **samt** ett fåtal vänner och bekanta, men han hade aldrig gift sig, och aldrig fått barn. När han var yngre hade han varit en stilig man - lång, med stora mörka ögon och guldblont hår, men åldern hade gjort honom **kutryggig**, halvblind, **tunnhårig** och bitter. På tidiga 1960-talet så hade kvinnorna kommit och gått och många hade **nog** hoppats på ett **frieri**, men Evert ville på den tiden leva som den **ungkarl** han var. När han väl kände sig **redo** för att **bilda** familj så var det **redan** försent - då var han gammal och grå, och ingen var intresserad längre. Evert hade missat sin chans.

Evert var inte särskilt trevlig, han **gnällde** och **klagade** på allt, och **nu för tiden** så bodde han på ett **ålderdomshem** i **utkanten** av Stockholm. **Till och med** sköterskorna på hemmet hade tappat tålamodet, då Evert **snäste** och **svor** oavsett hur trevliga de försökte vara. De tittade **knappt** på honom och ignorerade alla hans otrevliga kommentarer. Dagen innan hans 79:e födelsedag så var allt annorlunda. Han vaknade när undersköterskan Lena drog upp **rullgardinen**. Solen sken in **genom** fönstret.

"**God morgon**, god morgon," sa hon glatt och log, "nu är det **dags att stiga upp**!"

"Nej," **grymtade** Evert, "det tänker jag **minsann** inte göra."

Vanligtvis brukade sköterskorna lämna honom ifred efter det, så Evert **slöt** ögonen igen, **precis som** han gjorde **varje** morgon. Den här dagen var **dock** inte som andra dagar, och plötsligt kände han en hand på axeln.

"**Upp och hoppa**," sa Lena med ett bländande leende, "Det blir **ostmacka** med gurka till frukost idag! Det blir väl gott?"

"Jag gillar inte gurka."

"Nej men då tar vi bort den!"

Att se Lena så glad och **pratsam** gjorde Evert **fundersam**. Det var olikt både henne och de andra i **personalen**, och även om det var hans eget fel att han var så illa omtyckt så kändes det ändå bra att höra en trevlig ton. Något var dock **på gång**, tänkte Evert, och kanske var det dåliga nyheter? Han hade ju gått till doktorn och tagit prover dagen innan... kunde det vara det? **Han harklade sig.** Lite ont i ryggen hade han ju, men inte **mer än så**. Plötsligt kände sig Evert kallsvettig. Han var väl inte döende? Döden var något som Evert aldrig riktigt hade tänkt på, trots sin gamla ålder. Det hade inte känts aktuellt.

"Låt mig vara," sa han, "kan man inte få ha en lugn stund här? Ni är som **kacklande höns** allihopa, bara pratar och pratar. Tyst nu, tack."

"Oj, **vaknat upp på fel sida** idag?"

Lena log **fortfarande** samtidigt som hon vattnade blommorna på fönsterbrädan, och nu började Evert oroa sig på riktigt. Han **gick motvilligt med på** att klä på sig och komma ut till **matsalen**.

Matsalen var halvfull när Evert **stapplade** in. Han var ännu surare än vanligt, dels för att han hade stigit upp så tidigt, men även **på grund av** Lenas ovanliga beteende. Hon hade inte så mycket som rynkat på ögonbrynen åt hans otrevligheter? Något var utan tvekan fel, tänkte han, och han föreställde sig det ena tragiska scenariot efter det andra.

"Nej men hej, Evert," sa en av sommarpraktikanterna, "vad kul att se dig såhär tidigt på morgonen!"

Evert kände igen henne. Han hade fått henne att gråta redan under hennes första arbetsdag genom att förolämpa hennes stora näsa, och hon hade inte tilltalat honom sedan dess. Om till och med hon var trevlig mot honom - då måste det vara något riktigt allvarligt på gång!

"Sätt dig här," sa hon, "så ordnar jag frukost till dig!"

"Nej!" röt han ifrån, "vad är det frågan om?"

"Vad menar du?"

"Varför är alla så trevliga?"

"Ja men Evert," skrattade praktikanten, "det är ju din födelsedag imorgon!"

Han såg hur hon sneglade på Lena, sedan på en annan undersköterska och hur de alla nickade kort. Evert kände hur han blev röd i ansiktet av ilska.

"Det var det dummaste jag har hört," utropade han och ställde sig upp igen, "berätta nu vad det är som händer. Är jag sjuk?"

"Va? Nej! Absolut inte!"

Praktikanten såg bestört ut och skrattade. Evert borde ha känt sig lättad men istället så blev han bara argare.

"Ni skrämmer ju livet ur en! Vad är det frågan om då?"

Alla som befann sig i rummet stirrade på honom. De var vana vid att Evert var lite grinig, men idag var han verkligen ovanligt högljudd och arg. Lena hällde upp kaffe i en kopp och satte den **framför** honom. En tallrik med ostmackor med gurka ställdes också fram. Gurka... han hade ju sagt att han inte gillade gurka, men det hade de visst inte **brytt sig om**. Både praktikanten och Lena log och tittade på klockan som satt på väggen.

"Vi har en **tidig** födelsedagspresent till dig, Evert," sa Lena och klappade händerna, "en liten överraskning."

"Jag gillar inte överraskningar."

"Men den här överraskningen kommer du nog tycka om!"

"Nej, det tror jag inte."

Lena och praktikanten suckade, men fortsatte att le. Det var svårt att vara trevlig mot Evert som alltid var så grinig, men idag ville de göra sitt bästa, för det var **inte vilken dag som helst**. Dagen innan Everts 79-årsdag skulle **komma att bli** en vändpunkt i den ilskna mannens liv, men det var han själv inte medveten om. Inte ännu.

"Blunda nu Evert så kommer överraskningen. **Tjuvkika inte.**"

Nej, Evert var verkligen inte en person som tyckte om överraskningar, men han var så frustrerad att han för en gångs skull gjorde som han blev tillsagd. Han slöt ögonen samtidigt som han svor högt för sig själv. Han kunde höra hur folk rörde sig i rummet, och tillslut kunde han **inte låta bli** att öppna ögonen lite.

"Titta inte!"

Han slöt snabbt ögonen igen.

"Nu, nu kan du titta!"

När Evert tittade upp så satt en man framför honom. Mannen hade mörkt, kortklippt hår som hade börjat gråna vid tinningarna. Han var nog yngre än Evert, men ändå gammal nog att vara någons farfar. Han såg nervös ut och **flackade med blicken** men sedan tog han ett djupt andetag, och han såg Evert rakt i ögonen.

"Hej, jag heter Joakim. Jag är din son."

Så gick det till när Evert blev pappa alldeles innan sin 79-årsdag. Från att ha varit ungkarl hela sitt liv så blev han plötsligt förälder, till en man som hade levt hela sitt liv utan en pappa. Ingen hade berättat för Evert att en av hans tidigare flickvänner hade fått barn, och kanske var det hans eget fel? Han hade trots allt aldrig varit en särskilt trevlig person. Nu satt han där, mittemot sin son, och han stod inför ett val. Antingen kunde han fortsätta vara tvär och sur och leva resten av sitt liv i ensamhet, eller så kunde han försöka bättra sig. Frågan i Everts fall var dock följande: **Kan man lära gamla hundar sitta**?

Sammanfattning av historien

Evert är en äldre man som bor på ett ålderdomshem. Han har ingen familj och väldigt få vänner, och detta beror på att han inte är särskilt trevlig. Gamle Evert svär mycket och är nästan alltid arg, och ingen tycker om honom. En morgon så är allting annorlunda. Sköterskorna på ålderdomshemmet är trevliga och glada, och Evert oroar sig för att han kanske är sjuk eller döende. Istället berättar sköterskorna att de har en överraskning - en tidig födelsedagspresent! Det visar sig att Evert har ett barn han inte visste om - en son - och de träffas för första gången samma dag.

Summary of the story

Evert is an elderly man who lives at a nursing home. He has no family and very few friends, and the reason for this is because he is not very nice. The old man curses frequently and is almost always angry, and nobody really likes him. One morning, everything is different. The caretakers at the home are happy and friendly, and this makes Evert worry that he might be sick or even dying. Instead, the caretakers have a surprise for him - an early birthday present! As it turns out, Evert has a child he never knew about - a son - and they meet for the first time that same day.

Vocabulary

inte riktigt: not quite, not really

ensamhet: loneliness

samt: and also, as well as

kutryggig: hunchbacked

tunnhårig: thin-haired (in the process of balding)

nog: probably

frieri: proposal

ungkarl: bachelor

redo: ready

bilda: to form

redan: already

gnällde: whined

klagade: complained

nu för tiden: nowadays

ålderdomshem: nursing home

utkanten: the outskirts

till och med: even

snäste: snapped

svor: cursed

knappt: barely

rullgardinen: the [roller] blinds

genom: through

god morgon: good morning

dags att stiga upp: time to get up

omkring: around

grymtade: grunted

minsann: surely, indeed

vanligtvis brukade sköterskorna: normally the caretakers would

slöt: closed, shut

precis som: just like

dock: however, though

upp och hoppa: rise and shine

ostmacka: cheese sandwich

pratsam: talkative

fundersam: thoughtful, pensive

personalen: the staff

på gång: in progress

han harklade sig: he cleared his throat

mer än så: more than that

kacklande hönor: cackling hens

vaknat på fel sida: woken up on the wrong side (of the bed)

gick motvilligt med på: agreed reluctantly

matsalen: the dining room, the cafeteria

stapplade: staggered

på grund av: due to, because of

rynkat på ögonbrynen: frowned

föreställde: pictured, imagined

sommarpraktikanterna: summer interns

redan: already

sedan: since, then, afterwards

röt: bellowed

vad är det frågan om: what is going on?

sneglade: glanced

utropade: exclaimed

istället: instead

vana vid: used to

högljudd: loud

framför: in front

brytt sig om: cared about

tidig: early

inte vilken dag som helst: not just any day

komma att bli: come to be

tjuvkika inte: don't peek

flackade med blicken: eyes wandered

så gick det till: that's how it happened

kan man lära gamla hundar sitta: can you teach old dogs to sit?

Questions about the story

1. Hur många av Everts syskon levde fortfarande?

a) Två bröder

b) Inga syskon

c) En syster

d) Två systrar

2. Hur många gånger hade Evert varit gift?

a) Aldrig varit gift

b) Gift en gång

c) Gift två gånger

d) Gift tre gånger

3. Vad ville Evert inte ha på sin macka?

a) Tomat

b) Skinka

c) Gurka

d) Ost

4. Vem är Joakim?

a) Everts bror

b) Everts barndomsvän

c) Everts barn

d) Everts barnbarn

5. Hur gammal var Evert i slutet av historien?

a) 77

b) 78

c) 79

d) 80

Answers

1. D — Two sisters
2. A — Never married
3. C — Cucumber
4. C — Evert's child
5. B — 78

CHAPTER 4

EN SKOGSPROMENAD

När det regnar **håller sig** de flesta hemma, men Jacob och Albin hade andra planer. De hade sett fram emot den här dagen sedan de var små, och inget - inte ens lite regn - skulle få **förstöra** upplevelsen. De hade **hört talas om** fenomenet för första gången när de var åtta år gamla, och trots att de nu **hunnit** fylla 21 så hade de aldrig slutat hoppas. Visst hade drömmen börjat blekna bort, men när de såg fotot i **morgontidningen** så förstod de direkt att det fortfarande fanns en chans. En vit **älg**. Det hörde inte till **vanligheterna**, och nu hade den alltså **skymtats** igen.

Kanske var det inte samma älg som hade **synts till** när de var barn, men älgar kan ju **trots allt** leva i cirka 15-20 år, så omöjligt var det inte. Jacob och Albin var gamla **barndomskompisar**. De hade knappt träffats alls de **senaste åren**, men de hade spenderat så många timmar ihop som barn på att leta efter den vita älgen, så det var **självklart** att de nu skulle ge sig ut i skogen tillsammans igen. **Varken** Jacob eller Albin visste varför det kändes så viktigt att få se den, men det var en **barndomsdröm** som ingen av dem hade kunnat **släppa**. Regnet öste ner, men klockan 10 på **förmiddagen** träffades de två unga männen vid stigen som ledde in i skogen.

"**Tjena!**" ropade Albin när han klev ut ur bilen. "**Hur är läget?**"

Han var klädd i en blå **regnjacka** och jeans. Han såg ganska **likadan** ut som han alltid hade gjort, med sitt **rufsiga** blonda hår och stora glasögon. Jacob hade **däremot** förändrats **en hel del**! När han var yngre hade han varit kort för sin ålder och väldigt smal, men nu hade han växt ikapp sina **jämnåriga** vänner och det syntes tydligt att han gick på gym. Han var väldigt muskulös. Jacob hade dessutom alltid varit **kortklippt** som barn, men nu hade han sitt långa mörka hår uppsatt i en hästsvans.

"**Det var länge sedan**," skrattade Jacob, "Det är bra med mig! Hur är det själv?"

"Bara bra," log Albin, "Fint väder idag, va?"

Båda killarna skrattade högt **medan** regnet öste ner. Visst hade de regnjackor, men de blev snabbt blöta ända in på skinnet. De såg inga djur **överhuvudtaget** - inte så mycket som en fågel. Alla **varelser** i skogen tycktes ha valt att ta skydd. Inte Albin och Jacob dock, och förhoppningsvis inte den vita älgen heller.

"Vi kanske skulle ha väntat tills imorgon?"

"Nä," Albin skakade på huvudet, "då hade det kanske varit för sent! Tänk om vi hade missat älgen? Igen?"

Deras skratt **ekade** mellan träden. Det kändes nästan som när de var små och träffades varje dag. Nu levde de sina egna liv - Jacob jobbade som **säkerhetsvakt** på **tunnelbanan** och Albin hade **rest jorden runt** tack vare en **framgångsrik** YouTube-kanal. De hade **varandra** som vänner på Facebook, men träffades endast en eller två gånger per år. Var man fortfarande bästa vänner om man träffades så **sällan**? Nu gick de där längs stigen, precis som förr, och skrattade som de alltid hade gjort. Jacob skrattade exakt som han gjorde när han var liten. Albin skrattade också, men inte lika högt som han brukade göra.

"**Tror du** att vi kommer hitta den?" Albin vände sig om mot Jacob.

"Ja **det är klart**," svarade Jacob, "**Jag känner på mig det.**"

Han strök bort det våta håret ur ansiktet och tittade sig omkring. Träd, träd och fler träd. Inte en älg i sikte. Det började bli lite kallt och de insåg att de kanske borde ha tagit med sig extra kläder för äventyret.

"**Kommer du ihåg** vad din pappa brukade säga?" Sa Albin.

"Vadå?"

"Jag ser inte skogen," svarade Albin, "för alla träd."

"Ja just det!"

"Det är ju sant **faktiskt**, man missar ibland det som man har precis **framför** ögonen."

"Men," sa Jacob förvånat, "det har jag aldrig tänkt på."

"Hur är det med din pappa förresten?"

"Han... han **gick bort** förra året. Cancer."

"Oj," Albin stannade till, "Förlåt, det... det hade jag helt missat. Vad **tråkigt** att höra, Jacob. Jättetråkigt."

"**Det är lugnt**," svarade Jacob eftertänksamt, "Du var ute och reste när det hände. Det är lätt att missa."

Han lät besviken, nästan ledsen, men sedan log han igen. Det regnade ännu mer nu. Albin och Jacob tittade på varandra ett **ögonblick**, och plötsligt var det så uppenbart att de hade glidit isär. De hade varit bästa vänner, och nu stod de där, i regnet, helt **omedvetna** om vad som **försegick** i den andras liv. En bästa vän skulle inte ha missat en sådan stor och tragisk **händelse**.

"Jacob," sa Albin plötsligt med låg röst, "**kolla** där borta!"

Cirka 50 meter bort **glesnade** träden, och där - ute på **lägdan** - **skymtade** de något stort och vitt! Det vita rörde sig långsamt framåt, och både Jacob och Albin stod som **förstenade**. De hade drömt om att se den **omtalade** vita älgen i så många år, ända sedan barndomen, och nu var det äntligen dags. Ingen av dem hade nog på allvar trott att de faktiskt skulle hitta det enorma djuret.

"Är det den?" Jacob vågade **knappt** prata.

"Shhh," viskade Albin och tog ett steg framåt, "skräm inte bort den."

"Vad gör vi nu? Ska vi gå **närmare**?"

"Ja det är klart vi ska!"

"Shhh!"

"Det var ju du som frågade!"

De fick anstränga sig för att inte skratta. Precis så hade de bråkat **på skoj** när de var yngre, och det hade i alla fall inte förändrats med åren. Deras föräldrar hade blivit trötta på dem ibland, men de hade alltid **fortsatt** att vara vänner, trots sina **bråk** och **dispyter**. De visste inte riktigt varför de hade tappat kontakten efter **gymnasiet** - det hade bara blivit så. Nu **befann** de sig endast cirka 15 meter från **gläntan**. Det där stora vita var svårt att se ordentligt på grund av allt regn, men det befann sig fortfarande där framför dem! Jacob och Albin smög närmare, **lite i taget**, och de aktade sig för att kliva på kvistar som kunde skrämma iväg djuret. Spänningen steg och de höll andan.

"Du..." Jacob suckade plötsligt.

"Shhh," viskade Albin igen och smög närmare.

"Albin! Det där är ju..."

"Men shhh! Tyst nu! Jag ska försöka ta en bild."

"Ja okej då," Jacob lät full i skratt, "Men alltså... du..."

"Vad är det?" viskade Albin irriterat, "Vad vill du?"

41

"Har älgar **man**?"

"Va? Nej det är klart att de inte har."

"Nej jag tänkte det. Det har ju nämligen den där... en man alltså."

Jacob hade rätt - det var ingen älg. Det var en häst. Killarna stod framför en stor inhägnad hage, och där stod två hästar - en vit och en brun - och tog skydd från regnet under ett stort träd. Nu kunde de inte hålla tillbaka skrattet längre och de skrattade så mycket så att de båda fick ont i magen. Det kändes nästan som ett avslut på en lång vänskap, som om de båda visste att det kanske var en av de sista gångerna de sågs på samma sätt. Kanske var det därför det hade känts så viktigt att gå ut och leta efter den vita älgen tillsammans? Jacob och Albin vände om för att gå tillbaka, men de såg aldrig vad som stod på andra sidan hästhagen. Där stod ett stort vitt djur med imponerande horn - en **sällsynt** vit älg! Varken Jacob eller Albin hade sett den. De hade varit så upptagna med att stirra på det som visade sig vara en häst. Ibland ser man inte det man har precis framför sig.

Sammanfattning av historien

En dag så står det i tidningen att en vit älg har synts till i skogen. Jacob och Albin är gamla barndomsvänner, och de bestämmer sig för att ge sig ut för att försöka hitta den ovanliga älgen. De unga männen har velat se en vit älg ända sedan de var små, och trots att de knappt umgås längre så har ingen av dem kunnat släppa sin barndomsdröm. De möts vid en stig en regnig söndagsmorgon, och de inser snabbt att de knappt vet någonting om varandra längre! De har glidit isär. Plötsligt får de syn på någonting vitt, och de smyger sig fram för att se bättre. Det visar sig att det bara är en häst, och de går hem utan att ha sett den vita älgen som stod precis bakom den.

Summary of the story

One day, the newspaper prints a story about a white moose that has been spotted in the woods. Jacob and Albin are childhood friends, and they decide to get together to try and find this unusual moose. The two young men have been wanting to see a white moose since they were kids, and even though they barely see each other anymore, neither of them has been able to let go of that childhood dream. They meet up on a rainy Sunday morning, and they quickly come to realize that they have nothing in common anymore. They have grown apart. Suddenly, they spot something white further ahead, and they sneak up to get a better view. As it turns out, it is only a horse, and they walk back home without having seen the white moose that stood right behind it.

Vocabulary

håller sig: stay, keep, hold
förstöra: to ruin
hört talas om: heard about
hunnit: had time
morgontidningen: the morning newspaper
älg: moose
vanligheterna: commonplace
skymtats: had been spotted
synts till: been seen
trots allt: after all
barndomskompisar: childhood friends
senaste åren: the last few years
självklart: obvious
varken: neither
barndomsdröm: childhood dream
släppa: to let go
förmiddagen: morning, before noon
tjena: hey, hi (casual, slang-like way of saying hello)
hur är läget: what's up, how's it going
regnjacka: raincoat
likadan: the same
rufsiga: messy

däremot: on the other hand, however
en hel del: quite a lot
jämnåriga: peers (same age)
kortklippt: cut short
det var länge sedan: long time no see
medan: while (at the same time)
överhuvudtaget: whatsoever
varelser: creatures
ekade: echoed
säkerhetsvakt: security guard
tunnelbanan: the subway, metro
rest jorden runt: traveled around the world
framgångsrik: successful
varandra: each other
sällan: rarely
tror du: do you think
det är klart: of course, for sure
jag känner på mig det: I can feel it
kommer du ihåg: do you remember
faktiskt: actually

framför: ahead, in front of
gick bort: passed away
tråkigt: unfortunate, sad
det är lugnt: that's okay, it's okay
ögonblick: moment
omedvetna: unaware, oblivious
försegick: went on
händelse: event
kolla: look
glesnade: thinned
lägdan: the field
förstenade: petrified
omtalade: talked about, widely discussed

knappt: barely
närmare: closer
på skoj: for fun, as a joke
fortsatt: continued
bråk: brawl, fight
dispyter: disputes, disagreements
gymnasiet: upper secondary school, High School
gläntan: glade, opening (in forest)
lite i taget: little by little
man: mane
sällsynt: rare

Questions about the story

1. **Vad var så speciellt med älgen?**

   a) Den var ovanligt stor

   b) Den var ovanligt gammal

   c) Den hade en ovanlig färg

   d) Den var ovanligt liten

2. **Vad jobbade Jacob som?**

   a) Polis

   b) Taxiförare

   c) Gyminstruktör

   d) Säkerhetsvakt

3. **Vad hade hänt med Jacobs pappa?**

   a) Han hade dött

   b) Han hade flyttat

   c) Han hade försvunnit

   d) Han hade gått på en promenad

4. **Hittade killarna den vita älgen?**

   a) Nej, de hittade en häst

   b) Ja, de hittade älgen

   c) Nej, de hittade två hästar

   d) Nej, de hittade tre hästar

5. **Hade Jacob långt eller kort hår?**

   a) Han var kortklippt

   b) Han hade långt hår i en hästsvans

   c) Han hade inget hår

   d) Han hade mellanlångt hår

Answers

1. C — It had an unusual color
2. D — Security guard
3. A — He had died
4. C — No, they found two horses
5. B — He had long hair in a ponytail

CHAPTER 5

LIAM: FÖRSVUNNEN FEMÅRING

*"Vi **anropar** Liam Johansson, fem år gammal, som har kommit bort från sin mamma Jessica. Liam, fem år, vänligen gå till **kundtjänst** där mamma väntar."*

Det var fullt av folk i butiken den där dagen - **upptagna** kunder som antingen gick med **målmedvetna** steg mot den produkt de var ute efter, eller som **strövade** sakta **genom** gångarna och tittade på allt. Många hade **färdats långt** för att kunna ta del av de billiga priserna och **förmånliga** rabatterna, och en av dessa personer var Jessica. Hon hade klivit upp tidigt på morgonen, klätt på sig, väckt sonen Liam och **sett till** att han klädde på sig och borstade tänderna. De åt frukost i bilen på vägen. Det hade varit svårt sedan Liams pappa bestämde sig för att han inte längre ville vara en del av deras liv - han ville inte vara förälder eller **familjefar**. Den här **utflykten** skulle bli en rolig dag för både Jessica och Liam - en **nystart**, där de skulle köpa kläder inför skolstarten i slutet av augusti, samt **nödvändigheter** till det nya hemmet de nyss hade flyttat in i.

Liam hade varit lite grinig i bilen på vägen till **köpcentret**, och det hade varit svårt för Jessica att **vidhålla** ett **gott humör**, men hon hade bestämt sig för att ha en trevlig dag.

"Mamma," hade han sagt, "**Är vi framme snart?**"

"Ja, **gubben**, vi är snart framme."

Detta hade sedan eskalerat till **gråt och skrik**, men Liam hade lugnat ner sig när han fick **spela spel** på Jessicas mobiltelefon. Hon ville inte vara en sådan där förälder som ger sina barn telefoner att underhålla sig med, men ibland så var det svårt att undvika. När de kom fram till slutdestinationen så var både Jessica och Liam trötta och irriterade, men ännu var det inte försent att **vända på allt**.

"Nu ska vi gå in," sa Jessica glatt samtidigt som de gick mot ingången, "Vad vill du titta på, Liam?"

"Hmm," Liam tänkte efter, "leksaker och... mmm... godis!?"

"Godis? Men det är ju inte lördag idag!"

Hon skrattade och kramade om sin lilla son, och Liam skrattade högt i **ren glädje**. Ibland kändes det helt okej att vara ensamstående mamma, och andra gånger kändes det nästan **omöjligt**.

"Vad ska du titta på, mamma?" Liam **kramade hennes hand**.

"Ja du," sa Jessica, "kläder till dig, saker till badrummet, nya lakan... och så skulle jag behöva en ny väska, men vi får se om vi har tid med det."

Jessica visste att dagen skulle gå fort, och att tiden **mest troligt** inte skulle räcka till för att titta på saker till både Liam och till henne själv, men **det gjorde ingenting**. Hon hade planerat dagen in i minsta detalj! Först skulle de köpa allt de behövde, sedan skulle de gå ut och köpa glass i **glassbaren** utanför och tillslut skulle de åka hem igen. Då skulle Liam förhoppningsvis vara så trött att han sov hela vägen tillbaka till lägenheten.

Liam åkte i **kundvagnen** medan Jessica plockade på sig allt de behövde. Han pekade på det han ville ha, och sedan sa Jessica antingen ja eller nej. Det blev lite som en lek som fick de båda att skratta. **Tillslut** satt Liam där **omgiven** av nya byxor, flera tröjor, underkläder med superhjältar på, sängkläder, ett stort paket tandkräm och diverse annat, och han var fortfarande på väldigt bra humör! Klockan visade dock 15.43, vilket **betydde** att det var dags att **bege sig hemåt**. Det skulle ta ett tag att köra hem och Jessica ville komma iväg innan trafiken blev allt för **påtaglig**.

"Vi måste åka hem nu, Liam!"

"Men…"

"Vadå, lilla gubben?"

"Din väska då? Du ville ju ha en väska?"

"Vi **struntar** i den," log Jessica, "Det blev så sent så nu **måste** vi åka hem."

Lilla Liam såg fundersam ut men nickade. **I samma stund** fick Jessica syn på ett ställ med **badbyxor** - det hade hon ju helt glömt! När Liam började skolan så skulle han ju **naturligtvis** behöva badkläder, då **förskolan** låg alldeles intill den **kommunala simhallen**. Tillslut så hittade hon ett par i Liams storlek. De var ljusblå med hajar, badbollar och parasoller på.

"Titta vad jag hittade Liam," sa hon och vände sig om, "De här kanske…"

Hennes ord dog ut. Där stod kundvagnen med alla **varorna** som de hade samlat på sig, men Liam satt inte kvar. Hon tittade sig omkring samtidigt som hon kände paniken komma **krypande**. Det var folk och hyllor överallt, men ingen Liam.

"Liam? LIAM?!"

Andra kunder började vända sig om, och Jessica kände paniken stiga inom henne. Hon fick svårt att andas. Hon såg många olika barn, men ingen av dem var Liam. Liam **syntes inte till någonstans**. En kvinna kom fram till henne och la handen på hennes axel.

50

"**Ta det lugnt**, vi kommer hitta honom! Hur gammal är han?"

"Han är fem," sa Jessica med tårar i ögonen, "jag måste vara världens sämsta mamma."

Hur hade hon kunnat **tappa bort** sitt eget barn? Ända sedan hon blev ensamstående mamma så hade hon varit **livrädd** för att **svika** Liam på något sätt, och att inte leva upp till **förväntningarna**. Hon hade varit rädd för att **misslyckas**. Tiden gick nu extremt sakta och varje sekund kändes som en hel timme. Kvinnan stod kvar vid hennes sida och ropade Liams namn.

"Kom här," sa kvinnan lugnt, "vi går bort till kundtjänst och ber dem göra ett utrop."

"Nej, nej!" skrek Jessica **hysteriskt**, "Jag måste stanna här ifall han kommer tillbaka! Åh gud, var är han..?"

"Allt kommer bli bra, vi hittar honom snart. Kom nu."

De gick tillsammans bort mot butikens kundtjänst, och nu var Jessica både rädd och orolig. Hennes röst **darrade**.

"Hej," **stammade** hon, "Jag hittar inte min son. Skulle ni kunna..." hon tog ett djupt andetag, "Skulle ni kunna **efterlysa** honom?"

Hon kunde inte längre hålla tillbaka tårarna, och mannen bakom disken nickade snabbt och tog fram en penna. Han **bad** Jessica beskriva hur Liam såg ut och vad han hade på sig, och **därefter** tog han upp en telefonlur och tryckte på en knapp. En klingande signal ekade genom butiken.

"Vi anropar Liam Johansson, fem år gammal, som har kommit bort från sin mamma Jessica. Liam, fem år, vänligen gå till kundtjänst där mamma väntar. Liam har på sig en gul t-shirt med en anka på, blå jeans och vita gymnastikskor, och hans mamma väntar på honom här vid kundtjänst."

De **nästkommande** tio minuterna var de längsta minuterna i Jessicas liv. Hon ville skrika och gråta, men hon kunde inte röra sig. Liam **förtjänade** en bättre mamma. **Tänk om** någon hade tagit honom?

"MAMMA!"

Jessica tittade upp och där kom Liam hand i hand med två **tonårstjejer**. Han log stort och sprang sedan rakt in i Jessicas **utsträckta** armar.

"Älskling," grät hon, "Du får inte **försvinna** sådär! Var var du?"

"Titta," sa Liam med sin lilla röst och höll upp en stor rosa **handväska**, "**Jag skulle bara** hämta den här till dig!"

"Men älskling, jag sa ju att vi inte hade tid att titta på väskor!"

"Nej," Liam log oskyldigt, "men jag ville ju att du skulle få en sån, för du är världens bästa mamma."

Sammanfattning av historien

Jessica har nyligen separerat från sin pojkvän, som också är femåriga Liams pappa. De behöver en nystart, och hon bestämmer sig för att ta med Liam till ett stort shoppingcenter. Dagen går fort och de hittar nästan allt de letar efter, men helt plötsligt försvinner Liam! Jessica får panik och känner sig som en dålig mamma. Hur kunde hon tappa bort sitt eget barn? Hon går till kundtjänst för att göra ett utrop. När Liam äntligen hittas så visar det sig att han försvann för att hämta en handväska till Jessica, för att han tycker att hon är världens bästa mamma.

Summary of the story

Jessica has recently separated from her boyfriend, who also happens to be the dad of her five-year-old son, Liam. They need a fresh start, and Jessica decides to take Liam with her to go to a large shopping center. The day goes by fast and they find almost everything they were looking for, but then, suddenly, Liam disappears! Jessica panics and feels like a terrible mom. How could she lose her own child? She goes to the Customer Service desk to report him missing. When Liam is finally found, it turns out that he disappeared to get a purse for Jessica, because he thinks that she is the best mom in the world.

Vocabulary

anropar: calling upon
kundtjänst: customer service
upptagna: busy
målmedvetna: determined
strövade: strolled
genom: through, by
färdats långt: had traveled far
förmånliga: beneficial, profitable
sett till: had made sure
familjefar: family man
utflykten: the outing
nystart: fresh start
nödvändigheter: necessities
köpcentret: the shopping center
vidhålla: maintain
gott humör: good mood
är vi framme snart: are we there yet?
gubben: honey, sweetie
gråt och skrik: crying and screaming
spela spel: play games
vända på allt: turn everything around
ren glädje: pure joy
omöjligt: impossible

kramade hennes hand: squeezed her hand
mest troligt: most likely
det gjorde ingenting: it didn't matter
glassbaren: the ice cream parlor
kundvagnen: the shopping cart
tillslut: at last, finally
omgiven: surrounded
betydde: meant
bege sig hemåt: head home
påtaglig: evident
struntar: skip, ignore
måste: must, have to
i samma stund: in that moment
badbyxor: swim trunks, swim shorts
naturligtvis: of course, needless to say
förskolan: the preschool
kommunala simhallen: the community pool
varorna: the goods
krypandes: creeping
syntes inte till någonstans: was nowhere to be seen

ta det lugnt: take it easy, relax

tappa bort: lose

livrädd: terrified

svika: let down

förväntningarna: the expectations

misslyckas: to fail

hysteriskt: hysterical

darrade: trembled

stammade: stuttered

efterlysa: report as missing

bad: begged, asked for

därefter: then, thereafter

gymnastikskor: sneakers

nästkommande: next

förtjänade: deserved

tänk om: what if

tonårstjejer: teenage girls

utsträckta: extended

försvinna: disappear

handväska: purse, handbag

jag skulle bara: I was just

Questions about the story

1. Var fanns Liams pappa?

a) Han var också med i bilen

b) Han hade avlidit

c) Han hade lämnat familjen

d) Han var på jobbet

2. Vad skulle de göra innan de åkte hem?

a) Äta lunch

b) Leka i lekparken

c) Träffa en vän

d) Köpa glass

3. Varför behövde de nya saker?

a) De hade nyss flyttat

b) De skulle flytta

c) Deras saker hade blivit stulna

d) Deras saker hade kommit bort

4. Vad ville Liam titta på?

a) TV-spel och glass

b) Leksaker och godis

c) Godis och glass

d) Badbyxor och TV-spel

5. Varför försvann Liam?

a) Han ville inte åka hem

b) Han gömde sig

c) Han blev kidnappad

d) Han ville hämta något

Answers

1. C — He had left the family
2. D — Get ice cream
3. A — They had recently moved
4. B — Toys and candy
5. D — He wanted to go get something

CHAPTER 6

ETT ÄRR OCH EN FOBI

Alla som bodde i byn kände till Viktor Viking, som han kallades. Viktor Viking bodde i ett stort hus uppe på en **kulle**, och ingen visste hur gammal han var. Han var äldre än 30 och yngre än 60, det var det enda som var säkert. Denne **mystiske** man hade ett **långt ärr** som började vid armbågen och gick hela vägen ner till lillfingret, och han berättade olika historier **varje gång** någon frågade hur han hade fått sitt ärr.

"Hur fick du det där ärret, Viktor Viking?"

"**Tja**," kunde Viktor säga, "**Jag slogs** med en björn en gång."

"Viktor Viking, **vad hände egentligen** med din arm?"

"Jag ramlade ner från en **klippa** när jag **besteg** Mount Everest."

"Det där var ett **rejält** ärr, Viktor Viking, hur fick du det?"

"Jo du, jag hoppade **fallskärm** men fallskärmen vecklades inte ut."

Det hade nästan blivit en tradition i byn att fråga hur Viktor Viking hade fått sitt ärr, och många tonåringar **turades om** att fråga så fort de såg honom. Viktor Viking själv verkade inte ha något emot att bli **tillfrågad gång på gång**, och det tycktes inte **bekymra** honom att alla trodde att han ljög jämt. Att han hade **livlig fantasi** var det ingen fråga om, men hur hade han egentligen fått det där legendariska ärret?

Folk i byn var lite rädda för honom och de tyckte att han var lite **märklig**, men en dag så knackade det på hans dörr. Först tänkte han inte öppna, men det fortsatte att knacka! Viktor Viking gick fram till dörren, och där **utanför** stod en tjej och en kille i 15-årsåldern. De höll **varsitt** skrivblock i handen.

"Hej," sa tjejen, "Jag heter Johanna, och det här är Peter."

"Ehm, hej," sa Peter nervöst, "Vi undrar om vi kunde få intervjua dig för vår **skoltidning?**"

"Skoltidning?" Viktor Viking **kliade sig i skägget.** "Ja, visst. Okej då."

Viktor Viking var sannerligen inte den som sa nej till lite **uppmärksamhet.** Han **släppte in** de två tonåringarna och pekade mot det lilla **köksbordet** som stod i ett hörn.

"**Slå er ner.** Vill ni ha kaffe?"

"Nej tack," Johanna skakade på huvudet, "vi dricker inte kaffe."

"**Läsk** då? Jag har päronsoda!"

Peter och Johanna nickade, och Viktor Viking tog fram två **glasflaskor** päronsoda från kylskåpet. Själv tog han en kaffekopp från bänken, **spottade** i den, **gnuggade** bort gamla kaffefläckar med fingret och hällde sedan upp nytt kaffe.

"Sådär," sa Viktor Viking och satte sig ner vid bordet, "**ska vi ta och köra igång** med intervjun?"

"Okej," sa Johanna och satte pennan till pappret, "Vad är ditt **fullständiga** namn?"

"Viktor. Viktor Viking."

"Nej, alltså, ditt riktiga namn."

"Jaha, ehm... Viktor... **Det räcker** väl om vi skriver Viktor?"

Tonåringarna tittade på varandra och Johanna log lite **ansträngt,** och därefter strök hon över raden i blocket. Det luktade lite konstigt i köket – nästan som gammal mjölk.

"Skulle du kunna **berätta för oss** hur du fick ditt ärr?" Peter sträckte lite på sig medans han pratade. "Sanningen, alltså."

"Ja," började Viktor Viking, "Alltså…"

"Snälla," sa Johanna, "Det här är **vår enda chans** att få godkänt i Svenska. Vi har lite dåliga betyg-"

"Jag har **dåliga betyg**," avbröt Peter, "Johanna försöker hjälpa mig att **höja** dem. Om den här intervjun blir bra så har jag chans att få godkänt i alla fall."

Viktor Viking satt tyst ett par sekunder och funderade. Han mindes hur han själv hade **kämpat** i skolan, och det vore ju tråkigt om den här pojken inte skulle få **godkänt i ett ämne** på grund av honom. Han kavlade upp skjortärmen och höll ut armen i ljuset. Ärret var både **brett** och **långt**, och det såg ut som ett tjockt och vitt streck i hans solbrända hud.

"Okej då," suckade Viktor Viking, "Det är dags för sanningen att komma fram antar jag."

Viking öppnade en kökslåda och tog ut något som såg ut som ett stort och **spetsigt** tjurhorn.

"**Allt hänger ihop** förstår ni," sa han, "mitt ärr, mitt smeknamn… allt."

"Okej," sa Peter och Johanna i kör, "Vi vill gärna höra allt, tack."

"När jag var liten så var jag väldigt rädd för… för… hundar." Viktor Viking såg med ens lite obekväm ut, "Speciellt **pudlar**. Sådana där små, vita, lurviga och blodtörstiga hundar."

"Pudlar?" Johanna kunde inte låta bli att skratta, men hon blev snabbt tyst när hon såg Viktor Vikings **ansiktsuttryck**. "Förlåt, pudlar… ja de kan vara lite… **obehagliga**?"

"**Grannen** hade en liten pudel som alltid ville bita mig när jag gick förbi," fortsatte han sammanbitet, "och en dag så hittade jag det här hornet. Jag var kanske sju år ungefär."

"Och vad hände sen?" Undrade Peter. "Bet pudeln dig?"

"Är det du eller jag som berättar historien?"

"Förlåt, det är du."

"Jag började gå runt med det här hornet," sa Viktor Viking och **trummade med fingrarna** mot bordet, "och om jag såg en hund så satte jag hornet på huvudet och försökte låta som ett argt monster."

"Jaha," nu var det Peter som knappt kunde hålla sig för skratt, "**Fungerade det**?"

"Det var då alla började kalla mig för Viktor Viking," sa han utan att låtsas om Peters fråga, "En dag så kom grannens lilla hund springande när jag stod ute på **bryggan** vid sjön. Jag satte hornet på huvudet, och hunden blev så rädd så att den **ramlade** i vattnet!"

"Va?" Johannas spärrade upp ögonen. "Åh nej!"

"Jo," nickade Viktor Viking, "Och när hunden blev rädd, då blev jag också rädd! Jag var ju livrädd för hundar. Jag blev så rädd så att jag också trillade i vattnet!"

"Nä?"

"Jo du," sa Viktor Viking entusiastiskt, "Jag **halkade**, landade rakt på hornet och rev upp hela armen, och sen **rullade** jag ner i vattnet! Det var blod överallt!"

"Vad hände med hunden?"

"Hunden? Den räddade livet på mig! Bet tag i min jacka och drog med mig in till stranden."

"Den lilla pudeln?" Johanna lät tveksam.

"Jajamen! Och efter det så var jag inte rädd för hundar längre. Jag blev av med min **fobi** och så fick jag det här ärret **på köpet**."

Johanna och Peter tackade för sig när intervjun var klar, men de var inte säkra på att det verkligen var sant det som Viktor Viking hade sagt. Det skulle de nog aldrig få veta, och det spelade kanske ingen roll? Det var ju **trots allt** en riktigt bra historia.

Sammanfattning av historien

En man som kallas för Viktor Viking är välkänd i byn. Han har ett långt ärr på ena armen, och varje gång någon frågar hur han har fått ärret så har han olika svar. Ibland berättar han en historia, och ibland berättar han en annan, och ingen vet egentligen särskilt mycket om honom. En dag så knackar två tonåringar på hemma hos Viktor Viking, och de ber att få intervjua honom för deras skoltidning. Viktor Viking säger ja, och bjuder in dem. När de sitter där vid köksbordet så berättar han äntligen sanningen om hur han fick både sitt ärr och sitt smeknamn, men var det verkligen så det gick till? När tonåringarna lämnar huset så är de inte säkra på om det verkligen är sant, eller om det bara är ännu en av Viktor Vikings märkliga historier.

Summary of the story

A man known as Viktor Viking is quite a phenomenon in his hometown. He has a long scar running down one of his arms, and whenever someone asks how he got it, he answers with a different story. Sometimes he will tell one story, sometimes another, and nobody really knows much about him. One day, two teenagers knock on his door, and they ask him for an interview for their school paper. Viktor Viking accepts and invites them in. As they sit there by the kitchen table, he finally reveals the true story as to how he got both his scar and his nickname, but the question remains - is he being truthful? The teenagers leave the house, still uncertain, and perhaps they will never know if it was the truth or just another one of Viktor Viking's peculiar stories.

Vocabulary

kulle: hill
mystiske: the mysterious
långt ärr: long scar
varje gång: every time
tja: well
jag slogs: I fought
vad hände egentligen: what really happened
klippa: cliff
besteg: climbed
rejält: considerably
fallskärm: parachute
turades om: took turns
tillfrågad gång på gång: was asked over and over again
bekymra: to worry
livlig fantasi: wild imagination, lively imagination
märklig: peculiar
utanför: outside
varsitt: respective, their own
skoltidning: school newspaper
kliade sig i skägget: scratched his beard
uppmärksamhet: attention
släppte in: let in

köksbordet: the kitchen table
slå er ner: have a seat
läsk: soda
glasflaskor: glass bottles
spottade: spat
gnuggade: rubbed
ska vi ta och köra igång: should we get started
fullständiga: complete
det räcker: that's enough, it's enough
ansträngt: strained
berätta för oss: tell us
vår enda chans: our only chance
dåliga betyg: bad grades
höja: raise
kämpat: fought, struggled
godkänt i ett ämne: passing grade, pass a subject
brett: wide
långt: long
spetsigt: pointy
allt hänger ihop: everything is connected
pudlar: Poodles
ansiktsuttryck: facial expression

obehagliga: unpleasant
grannen: the neighbor
trummade med fingrarna:
tapped his/her/their fingers
fungerade det: did it work
bryggan: the dock
ramlade: fell

halkade: slipped
rullade: rolled
fobi: phobia
på köpet: for free, as a plus,
with the purchase
trots allt: after all

Questions about the story

1. Hur gammal var Viktor Viking?

a) Mellan 30 och 60 år

b) Mellan 20 och 30 år

c) Mellan 30 och 40 år

d) Mellan 60 och 90 år

2. Var på kroppen hade han ett ärr?

a) På ryggen

b) På benet

c) I ansiktet

d) På armen

3. Vad ville Johanna och Peter inte ha?

a) Läsk

b) Vatten

c) Kaffe

d) Päron

4. Vad behövde Johanna och Peter hjälp med?

a) Höja Peters betyg

b) Höja Johannas betyg

c) Vinna en tävling

d) Skriva en artikel

5. Vems var hunden?

a) Det var Viktor Vikings hund

b) Det var Johannas hund

c) Det var borgmästarens hund

d) Det var grannens hund

Answers

1. A — Between 30 and 60 years of age
2. D — On the arm
3. C — Coffee
4. A — Improve Peter's grades
5. D — It was the neighbor's dog

CHAPTER 7

EN LUGN STUND

Varje morgon klockan 06.05 så ringde Kalles **väckarklocka**. Då stod hans fru Åsa redan i duschen för att komma iväg till jobbet **i tid**, och det var upp till Kalle att **väcka barnen**, packa ryggsäckar, göra frukost och köra dem till skolan. Kalle hade **tidigare** jobbat som kock och pizzabagare på en liten lokal pizzeria, men när tredje barnet föddes så hade han och Åsa bestämt att det var dags för en förändring. Åsa hade varit trött på stressen varje morgon, speciellt då hon precis hade erbjudits en **chefsposition**, och Kalle kände att han behövde **testa något nytt**. Han hade aldrig riktigt gillat sitt jobb. De hade därför bestämt sig för att Kalle skulle ta **pappaledigt**.

När Åsa kom ut från badrummet så var hon redan klädd i sina **stiliga arbetskläder**, sminkad och klar. Deras rutin var **densamma** varje morgon: Kalle låg kvar i sängen tills klockan 06.15 då Åsa var klar, hon gav honom en puss på **pannan**, **påminde** honom om att skicka med barnens **färdiggjorda** läxor till skolan, och sedan åkte hon iväg. Då gick Kalle och duschade - vilket aldrig tog mer än fem minuter, och sedan var det dags att **komma igång** med allt som behövde göras.

"God morgon, Ludvig," sa Kalle när han stack in huvudet genom dörren till äldsta sonens rum. "Dags att vakna!"

Därefter gick han nerför trappan till köket. Ludvig, som var tio år gammal, tog alltid väldigt lång tid på sig att vakna, och behövde alltid bli **tillsagd** flera gånger. De andra två – sju och tre år gamla -

var lättare att väcka, och behövde inte väckas förrän klockan 07.15. Nästa steg var att göra frukost.

Innan Kalle tog pappaledigt så hade han trott att det skulle bli enkelt och **avslappnande** att vara hemma med barnen. Åsa var den som hade varit **mammaledig** och hemma med de första två, och hon hade fått det att se så lätt ut. Barnen hade alltid haft matchande kläder, packade väskor, huset hade varit rent och snyggt och Åsa hade verkat glad när han kom hem från jobbet. Kalle hade nu varit pappaledig i en månad och hade redan upptäckt att det verkligen inte var någon **enkel uppgift**. Att vara pappaledig var **praktiskt taget** ett **heltidsjobb**.

"Ludvig!" Ropade han samtidigt som han hällde upp flingor i tre skålar, "Upp och hoppa nu!"

Alla tre barnen ville ha olika saker till frukost; en ville ha ostmacka, en annan ville ha skinka istället och den tredje ville inte äta något annat än flingor och mjölk med vitt bröd. När klockan var 06.55 stod frukosten på bordet! Köket såg dock ut som ett **bombnedslag**, men det fick han ta hand om senare. **Det var dags** att få upp barnen. Kalle gick upp för trappan igen, knackade hårt på Ludvigs dörr och gick sedan in i rummet bredvid.

"God morgon, god morgon," sa han glatt och drog upp rullgardinen, "nu är frukosten klar och det är dags att stiga upp!"

Två små barn började sträcka på sig där i sina sängar. Jesper, mellanbarnet, **slog upp ögonen** nästan direkt och satte sig upp. Lilla Lovisa tog några sekunder längre på sig men även hon vaknade tillslut. **Under tiden** så la Kalle fram byxor och tjocktröjor till båda barnen. Ludvig kunde välja sina egna kläder, men Jesper och Lovisa behövde fortfarande lite hjälp. Klockan var redan 07.25 - **de började bli** sena!

Efter att ha hjälpt barnen på med kläderna, ropat på Ludvig några fler gånger och tagit fram ryggsäckarna ur garderoben så var det dags för frukost. Barnen var griniga och lite sura som de alltid var på morgonen. Lovisa kastade en brödbit på Jesper, Jesper blev arg och skrek och Ludvig skrek åt dem båda att de skulle vara tysta så att han kunde äta i **lugn och ro**.

"Kom igen nu," sa Kalle bedjande medans han sprang **fram och tillbaka** och packade gympakläder och skolböcker i ryggsäckarna. "Vi är redan sena, ät upp frukosten nu så att vi kan åka."

"Lovisa kastade mat på mig!" gallskrek Jesper, "PAPPA!"

"Det gjorde jag inte alls!" skrek Lovisa tillbaka och **nöp** honom i armen. "Du ljuger!"

"HON NÖP MIG!"

I samma stund spillde Jesper ut hela sin skål med flingor, och mjölken rann ut över hela bordet och rakt ner i Ludvigs knä. **Kaos.** Nu skrek alla tre barnen samtidigt som de viftade upprört med armarna, och Kalle försökte torka upp den spillda mjölken innan allt hamnade på golvet.

"PAPPA!" Ludvig stod på stolen, "Jag är helt blöt! PAPPA, JAG VILL INTE HA SMÅSYSKON LÄNGRE!"

"Gå och **byt om**," sa Kalle så lugnt han bara kunde, "Vi måste åka nu."

"JAG VILL INTE GÅ TILL SKOLAN!"

Såhär var det nästan varje morgon, och det där med att vara pappaledig hade **visat sig vara** betydligt stressigare än att jobba på pizzerian! Hur hade Åsa klarat av allt det här i så många år?

Tillslut satt alla barn i bilen, ryggsäckarna var packade och de var påväg. Klockan var exakt 08.05 och trots att Kalle bara hade varit vaken i två timmar så kände han sig otroligt trött. Det var som om han hade sprungit ett maraton. Att vara hemma med barnen hade sina **fördelar** också, och **oftast** var alla på bättre humör på **eftermiddagen**. Varje morgon fick han dock **påminna sig själv** om hur mycket han faktiskt älskade sina barn, och att det var han själv som hade valt det här.

"Jag måste gå på toa," sa Lovisa plötsligt, "nu."

"Gick du inte på toaletten innan vi åkte? **Jag sa ju** att du skulle göra det!"

"Pappa," sa hon med stora ögon, "Jag måste gå NU!"

Kalle suckade och svängde in vid en bensinmack. 08.25 visade klockan, och de hade endast 15 minuter på sig att ta sig till skolan i tid. De hade redan varit sena ett par dagar den här veckan, och de hade fått med en **lapp** hem där de hade **ombetts** att **försöka** vara i tid. När Åsa var mammaledig så hade barnen aldrig varit sena.

"Hej, ursäkta," sa Kalle när han kom in på bensinmacken, "**Skulle vi kunna** få låna toaletten? Min dotter…"

"Det blir 5 kronor," svarade mannen **bakom** disken, "om man inte är **kund**."

Kalle slängde fram fem kronor på disken, fick nyckeln och skyndade till toaletten med Lovisa. **De hann precis**. Därefter lyfte han upp henne och halvsprang tillbaka till bilen där pojkarna väntade. De körde iväg med en rivstart. Klockan 08.38 svängde de in på parkeringen framför **skolbyggnaden** - två **minuter till godo** - och pojkarna hoppade ut precis när deras lärare **var påväg att** stänga dörren. Kalle **pustade ut**. Kanske var han **inte gjord för att vara** pappaledig? Det vore kanske bäst om han sa till Åsa att **han inte klarade av det längre**, tänkte han, samtidigt som han tog fram telefonen för att skicka iväg ett meddelande. Han var trött och

besviken på sig själv - nu fick det räcka. Det var **dags att ge upp**. Telefonen visade ett oläst meddelande från Åsa:

"Det gick jättebra på mötet! Hur gick det för er? Tack för allt du gör. Kram!"

Kalle vägde telefonen i handen samtidigt som han läste meddelandet **om och om igen**. Det gick bra för Åsa på jobbet nu - ett jobb som hon hade drömt om så länge. Hon verkade **lyckligare än någonsin**, och det var ju precis det han hade hoppats på när han tog pappaledigt. Det var hennes tur nu. Han vände sig om och tittade på Lovisa som hade somnat i sin bilstol. Hon såg så **fridfull** ut när hon sov. Kalle log och **rättade till** hennes säkerhetsbälte.

"Vad härligt att det gick bra på mötet, älskling! Vi hade en jättemysig morgon och allt gick hur bra som helst. Vi ses sen! Puss och kram."

Sammanfattning av historien

Att ta mammaledigt eller pappaledigt kan låta väldigt lockande, och det har nu gått en månad sedan Kalle tog pappaledigt så att hans fru kunde börja jobba igen. Han hade förväntat sig en avslappnad tillvaro utan stress. Han har dock upptäckt att det inte är så lätt att vara hemma med barnen, och han förstår plötsligt att hans fru kanske inte hade det så lätt som han trodde när hon var mammaledig. Efter en jobbig morgon med barnen så tänker han säga till sin fru att han inte vill vara pappaledig längre och att hon får ta över, men han ångrar sig när han inser hur lycklig hans fru är över att vara tillbaka på jobbet. Det är trots allt hans tur att ta ansvar för hemmet och familjen.

Summary of the story

It can seem tempting to be on maternity leave or paternity leave, and it has now been a month since Kalle quit his job to become a stay-at-home dad - allowing his wife to go back to work. He had expected it to be relaxing and easy, but he has already realized that it is far from easy to be home with the kids! Perhaps his wife had struggled more than he thought when she was the one to stay home? After a difficult morning with the kids, Kalle is ready to give up and throw in the towel! He is about to text his wife to let her know that he doesn't want to do it anymore and that she will have to go back to being a stay-at-home mom, but he changes his mind when he realizes how happy she is to be back at work. After all, it is his turn to take responsibility for their family.

Vocabulary

väckarklocka: alarm clock

i tid: on time, in time

väcka barnen: to wake up the kids

tidigare: earlier, before

chefsposition: management position

testa något nytt: try something new

pappaledigt: paternity leave

stiliga arbetskläder: fancy work clothes

densamma: the same

pannan: the forehead

påminde: reminded

färdiggjorda: finished, completed

komma igång: get started

tillsagd: told, ordered to

avslappnande: relaxing

mammaledig: to be on maternity leave

enkel uppgift: simple task

praktiskt taget: basically, practically

heltidsjobb: full-time job

bombnedslag: like a bomb had dropped (sayings: "like a bomb site" or a "pig stie")

det var dags: it was time

slog upp ögonen: opened my/his/her/their/its eyes

under tiden: meanwhile, in the meantime

de började bli: they were starting to become/they were becoming

lugn och ro: peace and quiet

fram och tillbaka: back and forth

nöp: pinched

kaos: chaos

byt om: change (clothes)

visat sig vara: turned out to be

fördelar: benefits

oftast: most times, mostly

eftermiddagen: the afternoon

påminna sig själv: remind her/himself

jag sa ju: I did say

lapp: note

ombetts: been asked to

försöka: to try

skulle vi kunna: may we, could we

bakom: behind

74

kund: customer

de hann precis: they made it just in time

skolbyggnaden: the school building

minuter till godo: minutes to spare

var påväg att: was about to

pustade ut: let out a sigh of relief

inte gjord för att vara: not made to be

han inte klarade av det längre: that he couldn't do it anymore

besviken på sig själv: disappointed in himself/herself

dags att ge upp: time to give up

om och om igen: over and over again

lyckligare än någonsin: happier than ever

fridfull: peaceful

rättade till: fixed, corrected

Questions about the story

1. Vem duschade först varje morgon?

a) Ludvig

b) Kalle

c) Ingen

d) Åsa

2. Vad jobbade Kalle med innan han blev pappaledig?

a) Chef

b) Tidningsbud

c) Kock

d) Tekniker

3. Varför blev Ludvig arg?

a) Lovisa nöp honom

b) Jesper spillde flingor och mjölk

c) Han fick inte spela TV-spel

d) Han ville sova längre

4. Var lånade Kalle och Lovisa toaletten?

a) På en mataffär

b) På skolan

c) Hos en granne

d) På en bensinmack

5. Kom de i tid till skolan?

a) Ja, de kom två minuter för tidigt

b) Nej, de kom två minuter försent

c) Ja, de kom fem minuter för tidigt

d) Nej, de kom fem minuter försent

Answers

1. D — Åsa
2. C — Chef
3. B — Jesper spilled cereal and milk
4. D — At a gas station
5. A — Yes, they got there two minutes early

CHAPTER 8

EN KATTÄLSKARE TILL EN ANNAN

Vad är det **värsta som kan hända** när man precis har slutat jobbet och äntligen är **påväg hem**? Det är att **bli fast** på arbetsplatsen. Vad är **ännu värre** än att sitta fast på jobbet? Jo, att sitta fast med den arbetskollega man **tycker allra minst om**. Precis så skulle dagen sluta för Eva-Marie. Det var fredag, hon hade precis fått lön, och hon hade stämt träff med några vänner **senare samma kväll**. De flesta kvällar så brukade Eva-Marie gå hem direkt efter jobbet - hem till hunden och de två katterna - men just den där dagen tänkte hon **unna sig en utekväll**.

Hon packade ner allt det viktigaste i handväskan, och **såg sig om** på kontoret. Som vanligt så var hon en av de sista att bege sig hemåt, och arbetskamraterna hade gett sig av för **över en timme sedan**. Eva-Marie älskade dock sitt jobb, och hon trivdes bättre där än hemma. Hennes klackar klickade mot golvet när hon gick mot hissen. Hade hon med sig allt? Plånboken, mobiltelefonen, papperna hon skulle titta på över helgen, lunchlådan... jo, hon hade nog allt. När hon rundade hörnet såg hon hissdörren som var påväg att stängas.

"Vänta på mig!" ropade hon och började springa.

Hissdörren öppnades igen och hon klev in, plötsligt **ståendes öga mot öga** med John. John av alla människor - hennes medarbetare som hon hade ogillat sedan första dagen på jobbet. Det var flera år sedan, men de hade aldrig gillat varandra. Hissdörren stängdes bakom henne.

"Nej men hej," sa John och **hånlog**, "Är du fortfarande kvar här?"

"Hej, japp," var allt hon sa innan hon vände sig bort från honom.

"Ingen pojkvän som väntar där hemma en fredagskväll?"

"Ursäkta va?" **Snäste** Eva-Marie, "Nej. Jag har inte tid för sånt."

John hade irriterat henne sedan den dagen när han först klev in på kontoret, och chefen hade informerat dem om att han var den nya revisorn. John var i 40-årsåldern trots att han såg **betydligt yngre** ut, och även om Eva-Marie inte ville medge det så var han relativt attraktiv. Han var dock så **självupptagen** att det var svårt (om inte omöjligt) att se **bortom** detta. Andra kvinnor och män på kontoret **tycktes finna honom** charmig, men det var något hon själv inte förstod.

"En vild gissning," fortsatte John samtidigt som han tryckte på knappen som skulle ta dem till lobbyn. "Är du en sån där kattkvinna eller?"

"Kattkvinna?"

"Ja, en sån där kvinna som **föredrar** katter framför män?"

Han log stort och **oskyldigt**, vilket gjorde Eva-Marie riktigt irriterad. Hur var det möjligt att ingen såg den här mannen **för vem han egentligen var**? Plötsligt stannade hissen med ett våldsamt ryck som nästan fick de båda att tappa balansen. Därefter blev det mörkt. **Kolsvart.** Nej, hann Eva-Marie tänka, det här kunde bara inte vara sant. Först stod de båda helt tysta, men sedan hörde hon Johns röst i mörkret.

"Du tog väl inte illa vid dig?"

"Va?"

"Av det jag sa. Kattkvinna. Det var **inte menat som en förolämpning**."

"Nähä," muttrade Eva-Marie samtidigt som hon tryckte på **hjälpknappen** i hissen, "Det lät ju som en förolämpning i alla fall."

"Nej gud, förlåt," sa John med lugn röst, "Jag älskar ju katter! Har själv fyra stycken, så **jag antar att det gör mig till** en... kattman?"

Där kunde Eva-Marie inte låta bli att skratta högt. Skrattet ekade i hissen. John var verkligen en märklig man, då han verkade vara **helt omedveten** om hur **osmickrande** det han sa lät. Hon tryckte på hjälpknappen igen men **ingenting hände**. Varför var **något sånt här** tvunget att hända just när hon hade planerat att gå ut och träffa vänner för en gångs skull? Och varför just när John befann sig i samma hiss?

"Ha-ha," sa hon sarkastiskt, "Jättekul."

"Jag skojar inte! Pelle, Bambi, Snuffe och Rosa heter mina. Vad heter dina?

"Ja, **jag tänker inte** stå här och diskutera katter med dig i alla fall."

Att Eva-Marie var så **kort i tonen** tycktes inte bekymra John, och han fortsatte att berätta om hur han **hade växt upp** på en gård utanför Göteborg, men att det var **jobberbjudandet** som hade fått honom att flytta till Lund istället. Skåne var fint och mysigt tyckte han, men **inget gick upp mot** Göteborg. Eva-Marie himlade med ögonen. Hon ville säga att han ju kunde flytta tillbaka till Göteborg då, men istället så sa hon ingenting alls. Telefonen hade **ingen täckning**, och trots att en hel timme hade gått så hade ingen kommit till deras **undsättning**.

"Du då?" John **avbröt hennes tankar**. "Kommer du härifrån?"

"Jag kommer från Borås," sa hon och lutade sig mot hissväggen.

"Du är inte så pratsam va?"

"Du är inte så bra på att **ta en hint** va?"

Hon himlade med ögonen igen, trots att han **knappast** kunde se henne i mörkret. Om bara tiden kunde gå lite fortare så att de kunde komma ut därifrån någon gång. Att sitta fast i en hiss var illa nog, men att sitta fast med en sån irriterande person som John var verkligen **droppen som fick bägaren att rinna över.** Hon tog ett djupt andetag - kanske kunde hon försöka **komma överens** med honom i alla fall, åtminstone tills de kom ut ur hissen.

"Ja," svarade hon **motvilligt,** "eller ja, jag kommer från Malmö."

"Där ser man! Jag är **riktigt imponerad** av dig faktiskt."

"Va?"

"Ja det är klart!" utbrast John, och han **lät förvånad,** "Du är ju företagets **stjärnsäljare,** det vet ju alla."

"Alla?"

"Alla som jag har pratat med i alla fall. Det är ju därför jag blir så nervös när jag pratar med dig!"

Eva-Marie var glad att det var mörkt i hissen, för hon kände hur hon **rodnade.** Blev John - han som hade verkat tro att han var **bättre än alla andra** - nervös när han pratade med henne? Det hade hon **aldrig märkt.** Han lät dock väldigt allvarlig, precis som om han faktiskt menade det.

"**Du skämtar va?**"

"Nej," log John, "Jag vet att jag kan låta lite arrogant ibland..."

"Lite?"

"Okej då, men det blir så när jag är nervös! Jag beundrar ju dig, Eva-Marie!"

Precis då tändes ljuset i hissen och den **skramlade** igång med ett ryck. John stod lite närmare än vad Eva-Marie hade trott, och hon tog automatiskt ett steg bakåt med **ett ursäktande leende**. Hon tittade på klockan. 22.45. Hon suckade.

"Vad är det?" Hissdörrarna öppnades och de befann sig äntligen på **bottenplanen** av byggnaden. "Besviken över att hiss-äventyret är över?"

"Nä, det är inte det," Eva-Marie skakade på huvudet, "Jag skulle ut och träffa några gamla vänner men det är nog försent nu. Så **typiskt**."

"Gamla vänner?"

"Ja, från **gymnasietiden**. Många år sedan nu."

"Nya vänner **duger inte** då?"

"Vad menar du?"

De gick **längs den långa korridoren** som ledde mot utgången. Det var mörkt utanför och lite kyligt, men det hade varit en perfekt kväll för att gå ut någonstans.

"Ja, jag tänkte..." började John, "...Att du kanske skulle ha lust att gå ut och ta en öl med mig istället? Jag har ändå **inget bättre för mig**, och vi kattälskare måste ju hålla ihop."

Sammanfattning av historien

Det är äntligen fredag och Eva-Marie är påväg att lämna sin arbetsplats. Hon har stämt träff med några gamla vänner från skoltiden - något som är väldigt ovanligt för henne då hon sällan går ut - och hon skyndar sig mot hissen. När hon kliver in i hissen så upptäcker hon att den medarbetare hon tycker minst om av alla redan står där - John. Eva-Marie har alltid tyckt att John är väldigt självupptagen och irriterande, och han är inte någon hon vill dela hiss med. När de nästan är nere så stannar hissen och ljuset släcks, och där sitter Eva-Marie fast i en hiss med någon hon inte gillar. De börjar prata, och upptäcker tillslut att de har saker gemensamt. När hissen startar igen så bestämmer de sig för att gå och ta en öl tillsammans.

Summary of the story

Friday has finally arrived, and Eva-Marie is about to leave her workplace. She is heading out for a drink with some of her old friends from school - very unusual for her, as she never goes out - and she hurries off towards the elevator. As she steps into the elevator, she discovers the coworker she likes the least standing there - John. Eva-Marie has always felt that John is very self-absorbed and irritating, and he is not someone she wants to share an elevator with. The elevator comes to a sudden stop right before they reach the ground floor and the lights go out - Eva-Marie is stuck in an elevator with someone she doesn't like. They start talking, and it turns out that they actually have a few things in common! When the elevator finally comes back to life, they decide to go somewhere for a beer or two.

Vocabulary

värsta som kan hända: the worst that can happen

på väg hem: on the way home

bli fast: get stuck

ännu värre: even worse

tycker allra minst om: likes the absolute least

unna sig en utekväll: treat himself/herself/themselves to a night out

såg sig om: looked around

över en timme sedan: over an hour ago

ståendes öga mot öga: standing eye to eye

hånlog: smirked

snäste: snapped

betydligt yngre: significantly younger

självupptagen: self-absorbed

tycktes finna honom: seemed to find him

föredrar: prefer

oskyldigt: innocently

för vem han egentligen var: for who he really was

kolsvart: pitch-black

du tog väl inte illa vid dig: you didn't take it the wrong way, right?

inte menat som en förolämpning: wasn't meant to be an insult

hjälpknappen: the help button

jag antar att det gör mig till: I suppose that makes me

helt omedveten: completely unaware

osmickrande: unflattering

ingenting hände: nothing happened

jag tänker inte: I am not going to

kort i tonen: short (in tone)

hade växt upp: had grown up

jobberbjudandet: job offer

inget gick upp mot: nothing compared to

ingen täckning: no signal

undsättning: rescue

avbröt hennes tankar: interrupted her thoughts

ta en hint: take a hint

knappast: hardly

droppen som fick bägaren att rinna över: the last straw

komma överens: to get along

motvilligt: reluctantly

riktigt imponerad: really impressed

lät förvånad: sounded surprised

stjärnsäljare: star salesperson

rodnade: blushed

bättre än alla andra: better than everyone else

aldrig märkt: had never noticed

du skämtar va: you are kidding, right?

skramlade: rattled

ett ursäktande leende: an apologetic smile

bottenplanen: the ground floor

typiskt: typical

gymnasietiden: the High School years, the upper secondary school years

duger inte: not good enough

längs den långa korridoren: along the long corridor

inget bättre för mig: nothing better to do

Questions about the story

1. **Vad var det för dag?**

   a) Torsdag

   b) Lördag

   c) Måndag

   d) Fredag

2. **Hur många husdjur hade Eva-Marie?**

   a) Tre - två hundar och en katt

   b) Två - en hund och en katt

   c) Två - två katter

   d) Tre - två katter och en hund

3. **Hur många husdjur hade John?**

   a) En katt

   b) Fyra katter

   c) Tre katter och en hund

   d) Inga husdjur

4. **Vad jobbade John som?**

   a) Säljare

   b) Revisor

   c) Chef

   d) Städare

5. **Varför hade John flyttat från Göteborg?**

   a) Han hade tröttnat

   b) Han ville testa något nytt

   c) Han fick ett bra jobberbjudande

   d) Han hittade inget boende

Answers

1. D — Friday
2. D — Three, two cats and a dog
3. B — Four cats
4. B — Accountant
5. C — He got a good job offer

CHAPTER 9

EN INTRESSEANMÄLAN

Allt började med en liten **fundering** - kanske var det dags att ta **nästa steg** i förhållandet? Alice och Tommy hade båda erfarenheten som **krävdes**, de hade **bra ekonomi** och **stabila jobb**, och de hade nu varit gifta i snart tre år. De hade varit tillsammans sedan gymnasietiden och **kände varandra väl**, så ingen hade blivit särskilt förvånad när de publicerade på Facebook att de skulle gifta sig. Ett stort bröllop hade känts **onödigt**, och istället använde de pengarna till att boka en resa till Las Vegas i USA, där de gifte sig med Elvis som **vigselförrättare**. Som vittnen hade de endast haft två av sina vänner som bodde i Nevada, och sedan hade allt varit klart. Vissa hade tyckt att de var lite galna, andra hade blivit upprörda över att de inte fick vara med, men Alice och Tommy hade fått precis det bröllopet de hade drömt om.

Nu stod de alltså inför ett nytt och **stort beslut**, och ett beslut som **skulle komma att förändra** hela deras liv. Igen. Ämnet kom först på tal när de satt i TV-soffan en kväll, efter att ha delat på en flaska billigt vin.

"Men, det skulle väl vara mysigt?" Tommy såg bedjande på sin fru. "Känner inte du också att **det är dags** nu?"

"Oj," mumlade Alice och log, "**Är du säker?**"

"Du vet ju att jag alltid har velat ha en."

"Jo det är sant... det kanske är dags att **utöka familjen?**"

Alice blinkade lurigt med ena ögat och Tommy **flög upp** ur soffan med ett skrik! Han gjorde en liten dans **tvärs över** vardagsrumsgolvet, och han viftade så mycket med armarna så att han nästan slog ner vinflaskan från bordet.

"Försiktigt, Tommy," **gapskrattade** Alice, "ta det lugnt."

"Jag är lugn," svarade Tommy och kastade sig tillbaka i soffan, "Jag är bara väldigt glad. **Jag vill verkligen det här.**"

"Du inser väl att **det kommer ta ett tag** innan vi blir tre i familjen?"

"Jo jag vet," Tommy nickade, "men vi kan väl i alla fall... **påbörja processen**, så att säga?"

Alice tittade honom rakt i ögonen. Han hade **sådana fina ögon** som hon hade fallit för redan första gången de träffades, när de båda var bara 16 år gamla. De hade nästan **krockat** med varandra i dörren till klassrummet; Alice hade tappat sina böcker, och Tommy hade **tappat hakan**. De visste inte själva **hur det hade gått till**, men redan där så visste de att det skulle bli de två en dag. Nu satt de alltså i sin alldeles egna lägenhet, ett gift par, och planerade för framtiden. Det kändes så vuxet, och trots att de redan hade hunnit fylla 24 år så var det inte förrän nu de började **känna sig vuxna** på riktigt.

"Det är klart att vi kan," Alice gav Tommy en puss på kinden, "Jag älskar dig, **det vet du va**?"

"Jag älskar dig också."

Ingen av dem kunde sova ordentligt den natten, och många tankar snurrade runt i deras huvuden. Var de verkligen **redo**? Det kändes så, och när Alice hade pratat med sin mamma tidigare på kvällen så hade hon **hållit med**. Hon hade blivit **alldeles överlycklig**, och sagt att det verkligen var på tiden. Om till och med hennes mamma höll med, ja då var det nog **rätt beslut** trots allt. Alla visste dock att Alice och Tommy inte ville gå den **vanliga vägen**, utan att de ville göra en **god gärning** samtidigt som de utökade familjen. Det fanns redan så många **oskyldiga små liv** som behövde en familj. Alice och Tommy ville adoptera.

"Godmorgon!"

Alice vaknade av att Tommy petade henne på axeln. Där satt han **klarvaken** i sängen bredvid henne; han hade ett **stort leende på läpparna** och var rufsig i håret, precis som han alltid var när han vaknade.

"Vad är klockan?" Alice blinkade förvirrat.

"Hmm," Tommy tittade på väckarklockan på **sängbordet**, "06.46."

"Varför väcker du mig såhär tidigt?"

"Jag tänkte att vi kunde börja med våran **ansökan** redan nu?

Ibland kunde Alice vara lite grinig på morgonen, men hon kunde bara inte vara arg när hon såg hans **uppspelta ansiktsuttryck**. Han såg nästan ut som ett barn på julafton. Hon satte sig upp i sängen och **sträckte på sig**.

"Okej då," sa hon sömnigt, "hämta datorn då."

"Här!" Han satte datorn i hennes knä. **"Jag förberedde lite** medans du sov."

"Jag ser det!"

Tommy hade redan letat upp rätt hemsida för att ansöka, och det första steget var att göra en intresseanmälan. Det fanns inga garantier för att de skulle godkännas eller få **möjlighet att adoptera**, men de hade trots allt en fin liten familj att erbjuda! De hade tänkt på saken **under flera år**, men nu kändes allt plötsligt så verkligt. Först fyllde de i sina namn, sin hemadress, **kryssade i en ruta** för att bekräfta att de var gifta och skrev att de båda hade stabil inkomst. Därefter ombads de berätta lite om sig själva, och fylla i en ruta gällande **eventuella önskemål**.

"Önskemål," sa Alice fundersamt, "Har vi några önskemål?"

"Jag vet inte," svarade Tommy, även han fundersam, "Vad tycker du? **Spelar det någon roll?**"

"Nej, inte för mig. Jag tycker att vi **litar på** adoptionsbyrån. De vet säkert vad som blir bäst."

"Ålder då? Har vi något önskemål där?"

De tittade på varandra och skrattade. De hade inga önskemål alls, **insåg de**, och allt de ville var att kunna **erbjuda ett hem till någon** som behövde det. Kanske gick de lite väl fort fram i och med att de hade bestämt sig dagen innan, men varför slösa tid genom att vänta? De var redo, de hade **tillräckligt** med pengar och de visste att de hade ett tillräckligt stabilt förhållande för att klara av ett sådant **enormt** ansvar.

"Nej," Alice drog fingrarna genom håret, "Den som är menad att komma till oss kommer nog göra det också. Tror du inte det?"

"Jo, det tror jag också."

De fyllde i de sista fälten **som krävdes** och sedan var deras intresseanmälan redo att skickas. Då kände de sig båda plötsligt lite **överväldigade**. Det skulle bli intervjuer - först via telefon och sedan på ett **lokalt kontor** i stan, och därefter skulle **hembesök** bokas in så att adoptionsbyrån kunde se att de var en **lämplig** adoptivfamilj. Några garantier fanns inte - de kanske inte skulle bli godkända, men att skicka en intresseanmälan kändes ändå som ett stort steg. Alice och Tommy var nästan ännu mer nervösa än vad de hade varit **inför** sitt bröllop.

"Är du redo?" Tommy tog ett djupt andetag.

"Ja... är du?"

Tillsammans tryckte de på 'Skicka', och deras intresseanmälan skickades därmed iväg till adoptionsbyrån. De visste inte hur lång tid det skulle ta **innan** de fick svar, men det spelade ingen roll. Det första steget var taget. Alice och Tommy satt kvar där i sängen en stund - hand i hand - och försökte **ta in allting**. Nu var de nog ganska vuxna ändå, trots allt. Med nervösa blickar tittade de på varandra.

"Du är verkligen världens bästa fru," sa Tommy **kärleksfullt**, "Jag har alltid velat ha en hund."

Sammanfattning av historien

Alice och Tommy träffades på gymnasiet, de blev ett par och de gifte sig i Las Vegas bara några år senare. En dag så sitter de i soffan och pratar om att ta nästa steg i förhållandet, och de undrar om det kanske är dags för tillökning i familjen? Både Alice och Tommy vill adoptera, och dagen efter så fyller de i en intresseanmälan på internet, vilket känns både vuxet och lite läskigt. De pratar om eventuella önskemål de har inför adoptionen, men kommer fram till att de bara vill erbjuda ett hem till någon som behöver ett. De skickar in sin intresseanmälan, och det visar sig att det är en hund de vill adoptera.

Summary of the story

Alice and Tommy met in High School, they became a couple and got married in Las Vegas a few years later. One night while sitting on the couch, Alice and Tommy start discussing taking the next step in their relationship, and possibly making their family of two a family of three. They agree that they both want to adopt, and the following day they sit down to fill out an application form online. It feels both scary and grown up. Alice and Tommy discuss their hopes and potential requirements in regard to the adoption, and they agree that all they want is to offer someone a home. They send the application form together, and as they do, it turns out that what they are looking to adopt is a dog.

Vocabulary

fundering: a thought, an idea
nästa steg: next step
krävdes: was required
bra ekonomi: good economy
stabila jobb: stable jobs
kände varandra väl: knew each other well
onödigt: unnecessary
vigselförrättare: marriage officiant
stort beslut: big decision
skulle komma att förändras: would come to change
det är dags: it is time
är du säker: are you sure
utöka familjen: expand the family
flög upp: flew up, jolted up
tvärs över: across
gapskrattade: laughed loudly, roared with laughter
jag vill verkligen det här: I really want this
det kommer ta ett tag: it will take a while
påbörja processen: begin the process
sådana fina ögon: such pretty eyes

krockat: had crashed
tappat hakan: mouth hanging open, was flabbergasted
hur det hade gått till: how it had happened
känna sig vuxen: to feel grown up
det vet du va: you know that, right?
redo: ready
hållit med: had agreed
alldeles överlycklig: utterly thrilled, completely overjoyed
rätt beslut: right decision
vanliga vägen: the usual route
god gärning: good deed
oskyldiga små liv: innocent little lives
klarvaken: wide awake
stort leende på läpparna: big smile on his/her face
sängbordet: the nightstand, the bedside table
ansökan: application
uppspelta ansiktsuttryck: excited facial expression

sträckte på sig: stretched

jag förberedde lite: I prepared a little

möjlighet att adoptera: possibility to adopt

under flera år: for many years

kryssade i en ruta: checked a box

eventuella önskemål: potential requests/preferences

spelar det någon roll: does it matter?

litar på: trust

insåg de: they realized

erbjuda ett hem till någon: to offer a home to someone

tillräckligt: enough

enormt: huge

som krävdes: that/which was required

överväldigande: overwhelming

lokalt kontor: local office

hembesök: home visit

lämplig: suitable

inför: ahead of, prior to

innan: before

ta in allting: take everything in

kärleksfullt: lovingly

Questions about the story

1. Vilka var med på Alice och Tommys bröllop?

a) Två arbetskollegor

b) Två vänner

c) Två släktingar

d) Två Elvis-kopior

2. Hur gamla var Alice och Tommy när de träffades?

a) 16 år gamla

b) 17 år gamla

c) 18 år gamla

d) 19 år gamla

3. Varför behövde de en dator?

a) För att titta på bilder

b) För att skriva ett mejl

c) För att fylla i en ansökan

d) För att söka på Google

4. Hur reagerade Alices mamma?

a) Hon blev förvånad

b) Hon blev glad

c) Hon blev upprörd

d) Hon blev besviken

5. Vad vill Alice och Tommy adoptera?

a) Ett litet barn

b) Ett äldre barn

c) De vill inte adoptera

d) Ett husdjur

Answers

1. B — Two friends
2. A — 16 years old
3. C — To fill out an application
4. B — She was happy
5. D — A pet

CHAPTER 10

EN OVANLIG LIFTARE

Ibland blir dagen inte riktigt som man har tänkt sig, eller åtminstone inte som man har planerat. Precis så var det för Petra en eftermiddag i slutet av augusti. Hon hade varit påväg ut för att handla när hon fick syn på någon som stod **vid vägkanten**. Det stod sällan folk och liftade där - kanske för att det var så få bilar som passerade, men just den dagen stod det en ung tjej i diket. Hon hade en lång grön jacka på sig, en stor ryggsäck och jeans, och när Petra såg henne så hade hon svängt in till vägkanten. Nu satt de där, **sida vid sida** i den lilla bilen.

"Brukar du göra sånt här **ofta**, eller?"

"Nej, inte direkt. Det är första gången."

"Oj, en novis! Vad kul."

Petra **höll blicken** på vägen medans hon körde. Det var första gången hon **plockade upp en liftare**, och hon visste inte riktigt varför hon hade valt att stanna.

"Vart vill du bli **avsläppt**?" Petra sneglade på tjejen i passagerarsätet. "Vill du åka med **hela vägen** in till stan?"

"**Jag vet inte riktigt** vart jag ska," svarade tjejen långsamt, "Jag har inte bestämt mig! Jag ska nog dit du ska."

"Vad menar du?"

"Ja alltså, om du ska åka till stan, då åker jag också dit."

98

"Men om jag ska någon annanstans då?" Petras **nyfikenhet väcktes.**

"Tja," tjejen **lutade sig tillbaka** i sätet, "då åker jag med dig dit istället."

Vad var det här för sorts liftare, tänkte Petra, som inte visste var hon ville åka? Hade hon ingen tilltänkt **slutdestination?** Petra själv hade alltid gjort som hon blev tillsagd, följt alla regler och levt ett väldigt lugnt och **ordningsamt** liv. Nu hade hon precis fyllt 45, och ibland undrade hon om hon kanske redan hade levt sina bästa år. Det var **en skrämmande tanke.** Hon hade inga barn, men hon hade en man - Örjan, som aldrig var hemma. Den här tjejen som satt bredvid henne **verkade ha** levt ett betydligt mer spännande liv.

"Okej då," sa Petra, "Du är inte **på rymmen** eller något sånt, va?"

"Nej," tjejens skratt klingade högt, "Jag är 21 år gammal, så jag är **myndig.**"

"Men du vet inte vart du ska?"

"Nej, **inte än.** Det är det som är så spännande."

Med händerna på ratten så körde Petra längs den **smala landsvägen.** Hon ville ställa fler frågor, men hon visste inte om det var okej. Hon hade ju trots allt aldrig plockat upp en liftare förut! Den unga tjejen och hennes äventyrslust fick Petra att känna sig både gammal och tråkig - tänk alla spännande historier hon skulle kunna berätta när hon blev äldre! Vad hade Petra **själv** att berätta? Ingenting. Hon hade bott i samma by i hela sitt liv, och hon hade knappt varit utanför landskapsgränsen.

"Har du familj här **i trakten?**"

"Inte direkt," svarade tjejen, "Jag är mest **på genomresa.** Har du familj här?"

"Jo," skrattade Petra, "Jag har en man. Örjan."

"Är ni lyckligt gifta?"

Vilken märklig fråga. De kände inte varandra och Petra var mer än dubbelt så gammal som den här tjejen, och nu satt de där, endast sekunder från att börja utbyta personlig information. Petras första tanke var att **låta bli** att svara, för sådant kunde man väl inte fråga? Det var nästan lite **oförskämt**. Eller? Sedan bestämde hon sig dock för att hon var trött på att vara tråkig.

"Jag vet inte," svarade hon eftertänksamt, "Jag har inget att **jämföra med**."

"Du kanske behöver en paus?"

"En paus?"

"Ja," log tjejen entusiastiskt, "Ett äventyr!"

"Hur menar du då?"

"Jag har bestämt vart jag vill åka nu!" Tjejen **slog ihop händerna**. "Jag vill bli avsläppt i Köpenhamn, tack."

"I KÖPENHAMN?"

"Ja, Köpenhamn."

"Men…" Petra stammade fram orden, "Köpenhamn ligger ju i Danmark? Det är ju mer än 100 mil dit!"

Nu undrade Petra om den här tjejen kanske **drev med** henne, för inte trodde hon väl att Petra skulle **skjutsa** henne hela vägen ner till Danmark? Det var det dummaste hon hade hört **på länge**.

"Kom igen nu!"

"Aldrig," Petra skakade på huvudet, "Jag kan ju inte bara åka iväg till Köpenhamn!"

"Varför inte?"

"Nej men… jag har ju saker att göra!"

"Okej," sa tjejen och la armarna i kors, "Vad jobbar du med?"

"Jag är **sjukskriven**."

"Så du jobbar alltså inte?"

"Nej," sa Petra, nästan lite irriterat, "Inte just nu. Men jag kan ju inte bara åka ifrån Örjan…"

"Varför inte? Kan Örjan inte ta hand om sig själv?"

"Jo," Petra **svängde ut** på en större väg, "det kan han väl. Men…"

"Men vadå?"

"Jag har ju katter-"

"Vet inte Örjan hur man matar en katt? Då är det dags att han lär sig."

Nu kunde Petra inte låta bli att skratta. Tänk vad förvånad Örjan skulle bli om hon inte kom **hem till middagen**. Vad skulle han då äta? Örjan hade inte behövt laga sin egen mat på 14 år. Petra greppade hårdare om ratten och ökade hastigheten. Det var konstigt nog något som lockade med den här tjejens **oväntade förslag**. Hon sneglade på henne - plötsligt lite osäker på vad hon skulle säga. Eller göra.

"Jag kan ju inte åka genom hela Sverige med en person jag inte känner," protesterade Petra lite **halvhjärtat**, "Det vore ju helt galet."

"En person du inte *kände*, menar du?"

"Va?"

"Ja, vi känner ju varandra nu! **Kom igen**… vi kör till Köpenhamn."

Petra tänkte på huset där hemma, på katterna, på alla hennes trädgårdsväxter och på rabatten hon inte hade hunnit rensa. Hon tänkte på Örjan. Kanske skulle både han och allt det andra **klara sig** utan henne i ett par dagar? Det skulle ta max tre dagar att **köra dit**, och tre dagar att **köra tillbaka**. Sex dagar utan Petra borde de väl klara av? Hon tog ett djupt andetag och öppnade fönstret på förarsidan. Vinden träffade de båda rakt i ansiktet. Hon visste inte vem den här tjejen var, vart hon kom ifrån eller ens vad hon hette, men nu hade hon bestämt sig.

"Okej då," sa Petra och log större än vad hon hade gjort på länge, "Då åker vi till Köpenhamn."

CHAPTER 11

KONSTEN ATT KLÄTTRA I TRÄD

Att fylla 90 år var verkligen **värt** att fira, och Alma hade **bjudit in** alla sina barn, barnbarn och **barnbarnsbarn** till huset där hon hade bott i nästan hela sitt liv. Hon bodde fortfarande hemma, trots att hon **numera** var ensam, sedan det att hennes man hade avlidit några år tidigare. **Hemtjänsten** kom och **hälsade på** en gång om dagen; de stannade och pratade lite, drack kaffe ibland och de **såg till** så att hon mådde bra. Alma tyckte att det var lite **onödigt**, men hennes äldsta son hade insisterat. Hon hade **med andra ord** gått med på det för hans skull. Visst hade Alma lite ont i ryggen ibland och hon gick väldigt långsamt, men annars så **klarade hon sig** bra på egen hand.

Varje morgon när Alma vaknade så ställde hon sig på golvet **bredvid** sängen, och så sträckte hon på sig så mycket hon bara kunde. Hon var en **kortväxt** kvinna och hon hade blivit kortare **med åren**, men hon sträckte alltid armarna upp mot taket precis som om hon hade kunnat nå det. Det var bra för ryggraden, brukade hon säga till **de som undrade**. Det var så hon började dagen även denna dag - hennes 90:e födelsedag.

Därefter gick hon och åt frukost - en liten **grovmacka** med smör och skinka räckte för att hon skulle **bli mätt**, och sedan fixade hon till håret i badrummet. Det tog inte särskilt lång tid, då hon trots allt hade fixat håret på exakt samma sätt i över 70 år. Alma var känd i stan för att alltid se snygg, prydlig och **tillfixad** ut, även när hon inte hade några planer på att gå ut.

"Jag tycker om att göra mig fin," brukade hon säga, "Det är väl inget fel med att vilja se snygg ut? Jag gör det ju **för min egen del** och inte för någon annans."

Det hade gamla Alma helt rätt i. Tillslut stod hon där och tittade sig i spegeln. Håret var **upprullat**, hon hade ögonskugga och läppstift på sig, och nu **återstod** bara att sätta på sig festkläderna. Hela hennes familj hade velat ordna en födelsedagsfest åt henne, men Alma var envis, och hon hade insisterat på att bjuda hem alla till sin lilla gård. Hon hade väntat på denna dag sedan hon var liten. Kanske lät det konstigt att ha väntat på sin 90-årsdag så länge, men Alma hade **lovat sig själv** någonting när hon var barn. Med ett litet leende så valde hon en **glittrande joggingdräkt** som hennes barnbarn hade hjälpt henne köpa via internet. Det var fascinerande hur mycket man kunde göra med en dator.

"**Sådär ja,**" sa Alma för sig själv.

Med darriga händer tog hon fram ett par stora guldörhängen. Detta skulle bli **en dag att minnas**! Alma var nöjd med håret, sminket och kläderna, men ibland kände hon inte riktigt igen sig själv i spegeln. Hon hade så många rynkor nu att det var svårt att se hur vacker hon hade varit som ung. Med en djup suck så sträckte hon på sig igen, log lite **ansträngt**, och lämnade rummet.

Klockan 14.00 **anlände** vänner och familj till gården. Alma stod i dörren och vinkade när bil efter bil svängde in på uppfarten, och hennes kläder glittrade i solen. Hon hade inga syskon kvar i livet, men många andra släktingar hade kommit för att fira.

"Hej, **gammelfarmor**," ropade en liten pojke och kom springande, "Grattis på födelsedagen!"

Alma hade tre döttrar och två söner, och de hade alla egna barn, som nu även de hade barn! Det var svårt för Alma att **komma ihåg** namnen på allihopa, men hon visste att pojken var ett av de yngsta barnbarnsbarnen. Vems barn han var kunde hon inte riktigt minnas.

"Hej du," sa hon istället, "Vad roligt att du kom!"

Det blev många kramar från släktingar och andra **gäster**, och Alma visste att de var nyfikna på vad hon hade planerat! Många hade velat planera festen **åt henne**, men det hade hon bestämt sagt nej till. Hon hade ju vetat precis vad hon ville göra på sin 90-årsdag sedan hon var tio år gammal! I 80 år så hade hon väntat på just denna dag.

När alla gästerna hade anlänt så tog Alma sin **käpp** och gick långsamt ut på **gräsmattan**. Hon harklade sig med en **förvånansvärt** stark röst för en sådan gammal kvinna, och alla vände sig om och tittade på henne.

"Ja," började hon, "tack för att ni kom allihopa! Idag har jag förberett en liten överraskning."

"Men," svarade någon, "**Det är väl vi** som ska överraska dig?"

"Shhh," Alma tyckte inte om att bli avbruten, "Det är ju jag som fyller år och inte ni, så idag så är det jag som bestämmer."

Alla besökarna **skrattade hjärtligt** - de visste precis hur Alma kunde vara ibland, och att hon egentligen menade väl. De tystnade därefter för att låta den gamla damen fortsätta.

"När jag var tio år så dog min morfar efter att ha varit sjuk en längre tid," Alma **slog ner blicken**, "Därefter flyttade mormor in hos oss. Hon var yngre än vad jag är nu, men hon kunde knappt gå, och hon behövde hjälp med allt. Jag minns att jag tyckte så synd om henne."

Nu hade hon alla gästernas uppmärksamhet, vilket var precis vad hon hade hoppats på. Trots att hon kunde vara lite sentimental ibland så älskade Alma att **stå i centrum**, och att vara den som alla tittade på.

"Den dagen bestämde jag mig för att jag inte skulle bli som min mormor. Jag bestämde att när jag fyllde 90 år, som jag ju gör idag, då skulle jag klättra i träd på min födelsedag!"

"Klättra i träd?"

"Ja," Alma log stolt, "att kunna klättra upp i ett träd på min 90-årsdag, det har varit mitt mål och min dröm i alla dessa år."

Hon **såg i ögonvrån** hur vissa gäster skakade på huvudet, men det gjorde henne bara ännu mer motiverad! Hon tog ett djupt andetag och gick bort mot det stora äppelträdet som växte mitt på gräsmattan. Trädet hade stått där sedan Alma och hennes man köpte huset. Då hade hon endast varit 19 år gammal, och det första hon hade gjort då var att klättra upp i trädet. Hennes man hade tyckt att hon var lite **tokig**, mindes hon. Nu var det alltså **dags igen**. Hon la handen mot trädstammen och tog ett djupt andetag. Alla tittade på Alma där hon stod i sina glittrande mjukiskläder. Hennes darrande händer **greppade tag om** den lägsta trädgrenen och hon kände adrenalinet gå igång. Alla släktingar höll andan. Med **all sin styrka** så försökte Alma **häva sig upp** i trädet, men hon kunde inte ens lyfta fötterna från marken. Hennes armar var inte tillräckligt starka längre.

"Jag..." började Alma, nu med tårar i ögonen. Hon hade väntat så länge på detta, och hon hade verkligen trott att hon skulle kunna klättra upp i ett träd på sin 90-årsdag. Det var en livslång dröm som krossades, och för första gången i sitt liv så visste hon inte vad hon skulle säga. **Hennes axlar slokade** och hon tittade ner i marken.

"Gammelfarmor," sa plötsligt den lilla pojken som hade hälsat på henne tidigare, "Vill du ha hjälp?"

Det lilla barnet ställde sig på alla fyra - som en pall! Alma log sorgset, men samtidigt kom två unga män fram. Dessa två kände hon igen. De var två av hennes barnbarn, och de la varsin hand på hennes axlar.

"Om du vill klättra i träd på din 90-årsdag," sa den ena, "då är det klart att du ska få klättra i träd."

Med starka armar så hjälpte de Alma upp i trädet, och plötsligt så satt hon där på grenen! Ett stort leende spred sig över hennes ansikte samtidigt som alla gästerna applåderade. Hon kände vinden i håret där hon satt ovanför huvudena på hela hennes stora familj. 90 år var en lång tid att leva, men när hon satt där så kunde hon inte låta bli att hoppas att hon skulle få leva några år till. Nu skulle hon dock behöva ett nytt mål och en ny dröm, för drömmen om att klättra i träd på sin 90-årsdag hade redan gått i uppfyllelse.

Sammanfattning av historien

När Alma var liten bestämde hon sig för att hon skulle klättra i träd på sin 90-årsdag. Nu är den dagen kommen, och Alma har bjudit in sin familj och bekanta för att fira 90-årsdagen, och när de anländer så avslöjar hon sin plan. Hon upptäcker dock att hon inte är lika stark som hon var när hon var ung, och när hon inte lyckas ta sig upp i trädet så får hon hjälp av två av sina barnbarn.

Summary of the story

When Alma was little, she decided that she wanted to climb a tree on her 90th birthday. Now the day is here and Alma has invited her family and friends over to come celebrate, and when they arrive, she reveals her plan. However, she quickly discovers that she is no longer as strong as she once was, and when she fails to get herself up into the tree, she is helped by two of her grandchildren.

Vocabulary

värt: worth

bjudit in: invited (in)

barnbarnsbarn: great grandchild/great grandchildren

numera: nowadays

hemtjänsten: the homecare service

hälsade på: visited

såg till: made sure

onödigt: unnecessary

med andra ord: in other words

klarade hon sig: she managed

bredvid: next to

kortväxt: short

med åren: through the years

de som undrade: those who wondered

grovmacka: whole grain sandwich

bli mätt: get full (food)

tillfixad: fixed-up

för min egen del: for my own sake

upprullat: rolled-up

återstod: remained

lovat sig själv: promised him/her/itself

glittrande joggingdräkt: sparkling sweatsuit

sådär ja: there we go

en dag att minnas: a day to remember

ansträngt: strained

anlände: arrived

gammelfarmor: great grandmother (father's side)

komma ihåg: to remember

gäster: guests

åt henne: for her

käpp: cane

gräsmattan: the lawn

förvånansvärt: surprisingly

det är väl vi: isn't it us

skrattade hjärtligt: laughed wholeheartedly

slog ner blicken: looked down

stå i centrum: be the center of attention

såg i ögonvrån: saw out of the corner of his/her/their eye

tokig: nutty, mad

dags igen: time for it again

greppade tag om: grabbed onto

all sin styrka: all his/her/their/its strength

häva sig upp: heave him/herself up

hennes axlar slokade: her shoulders sank

Questions about the story

1. Vad ville Alma göra på sin födelsedag?

a) Fira med vänner och familj

b) Hälsa på barnbarnsbarnen

c) Handla kläder på internet

d) Klättra i ett träd

2. När planerade Alma först sin födelsedag?

a) Efter att hennes mormor dog

b) När hon fyllde 15 år

c) Dagen innan hennes 90-årsdag

d) Det var ett spontant beslut

3. Vad tyckte Alma om?

a) Att spela poker

b) Att umgås med familjen

c) Att stå i centrum

d) Att baka kakor

4. Hur många barn hade Alma sammanlagt?

a) Två

b) Tre

c) Fyra

d) Fem

5. Vem var den första som erbjöd sig att hjälpa Alma?

a) Hennes dotter

b) Hennes son

c) Hennes barnbarn

d) Hennes barnbarnsbarn

Answers

1. D — Climb a tree
2. A — After her grandmother died
3. C — To be the center of attention
4. D — Five
5. D — Her great grandchild

CHAPTER 12

NÄR SOLEN GÅR NER

Nere på stranden satt två unga kvinnor i 25-årsåldern på **varsin** bänk och tittade ut över vattnet. De hade båda långt blont hår; den ena hade sitt hår uppsatt i en hästsvans och den andra hade håret utsläppt. Solen var påväg att gå ner. De kände inte varandra och hade aldrig setts förut, men nu satt de där med endast någon meters **mellanrum** och såg solen sjunka allt närmare horisonten.

Kvinnan med uppsatt hår hette Olivia Ros, och hon hade tidigare samma dag erbjudits sitt drömjobb. Det hade varit svårt att komma in på **arbetsmarknaden** efter det att hon gått ut gymnasiet, speciellt för en **oerfaren** civilingenjör som hon själv, då konkurrensen var stor med många **sökande**. Hon hade nog sökt till över 30 olika jobb de senaste månaderna. Endast några hade **återkommit**, och ingen hade **hört av sig** efter intervjun. Inte förrän den där dagen. De hade ringt tidigt på eftermiddagen med det glädjande beskedet, och Olivia hade blivit helt chockad, samt alldeles överlycklig. Det kändes nästan för bra för att vara sant - som en dröm!

"Vi tänkte höra om du har möjlighet att börja **omgående**," hade de sagt, "Helst redan nästa vecka."

Olivia hade sagt ja direkt. Det var först senare som hon insåg att jobbet som erbjöds var **beläget** i Jönköping, och inte i Halmstad där hon bodde. Hon skulle vara tvungen att flytta. Det gjorde dock ingenting, då hon alltid hade velat ge sig iväg och **pröva lyckan** på egen hand, och hon såg bara fördelar med det nya jobbet.

Anledningen till att hon satt nere vid stranden var att hon kände sig så otroligt glad och **upprymd**, och hon behövde lite tid för sig själv för att kunna ta in allt. Inom bara några dagar skulle hon flytta till en ny stad med nya människor, för att börja jobba på riktigt med något hon var intresserad av. Hur hade hon kunnat ha sådan tur? Solen var nu **knallröd** och vackrare än någonsin, och Olivia fick **glädjetårar** i ögonen. **Solnedgångar** hade alltid fått henne att känna sig varm inombords, och hon tyckte att det var något av det finaste som fanns.

"Äntligen," mumlade hon.

"Ursäkta?" Kvinnan med utsläppt hår tittade upp.

"Oj," Olivia insåg inte att hon hade sagt det högt, "Nej, ingenting."

Samtidigt la hon märke till att den andra kvinnan också hade tårar i ögonen, men hennes tårar var **äkta**, och inga glädjetårar. Hon tittade snabbt bort mot solnedgången igen för att undvika Olivias blick. Först sa Olivia inget - hon hade ju trots allt ingenting med saken att göra, men plötsligt kände hon sig **inte riktigt** lika glad som hon nyss hade gjort.

"Är allt okej?"

"Ja då," mumlade kvinnan, "Det är **ingen fara**."

"Är du säker?"

"Ja... jag blir sorgsen av solnedgångar bara."

Solen hade nu nästan gått ner, och det började bli mörkt på stranden. De där sista **solstrålarna** hade alltid fått Olivia att känna sig hoppfull och glad - precis som om det var början på något nytt. Så verkade inte den andra kvinnan se det, och för henne så var slutet på dagen och solnedgången istället något negativt.

"Jag blir besviken på mig själv," fortsatte kvinnan tyst, "varje solnedgång är en påminnelse om att jag inte har kommit någonstans i livet. Inte idag heller."

"Oj," sa Olivia storögt, "Det har jag aldrig tänkt på. Jag har alltid sett det som början på en ny dag med nya **möjligheter**."

De tittade på varandra i tystnad. För Olivia innebar solnedgången en nystart, och för den andra kvinnan var det en symbol för slutet på någonting. Ett positivt **synsätt**, och ett negativt synsätt. Två kvinnor som aldrig hade träffats förut.

"Jag antar att det är lite som den där **jämförelsen** med glaset..!" Kvinnan såg eftertänksam ut.

"Glaset?"

"Är glaset **halvfullt**," sa hon samtidigt som solen försvann bortom horisonten, "eller är det **halvtomt**?"

De kunde knappt se varandra i mörkret, och det enda som **bröt tystnaden** var syrsorna som spelade bakom dem. Olivia undrade vad det var som hade fått den här kvinnan att se en solnedgång så negativt, när hon själv såg det som bland det mest fantastiska som fanns. Plötsligt kände hon sig ledsen, trots att hon egentligen hade så mycket att vara glad för.

"Jag tycker i alla fall att glaset är halvfullt," sa Olivia **försiktigt** och **sneglade** mot kvinnan på den andra bänken.

"Du kanske har rätt..! Jag kanske också borde börja tänka så."

"Är du säker på att allt är okej?"

"Jag är bara lite **nere** för att jag måste flytta," sa kvinnan ledsamt, "Jag har fått ett nytt jobb i Sundsvall. Flyttar nästa vecka."

"Nej men," utbrast Olivia, "Grattis till nya jobbet! Jag har också fått ett nytt jobb och ska också flytta!"

Deras situationer var **snarlika**, nästan lite läskigt lika, och trots det så satt de där med helt olika känslor i kroppen. Båda hade fått nya jobb i andra städer, och båda skulle flytta. Kvinnan på den andra bänken svarade inte.

"Det blir väl kul med ett nytt jobb?" Olivia försökte liva upp den **nedstämda** kvinnan. "Träffa nytt folk, prova något nytt?"

"Nä, jag har ju varit **arbetslös** nu i nästan ett år," mumlade hon till svar, "och jag har varit hos **Arbetsförmedlingen** nästan varje dag för att få hjälp. Blev så glad när de ringde om ett jobb, och så visade det sig vara i Sundsvall."

"Du vill inte flytta alltså?"

"Hela min familj bor här... mina föräldrar, min man och mina barn."

Plötsligt förstod Olivia att det inte är lätt för alla att flytta, och att drömmen om en nystart och att bo **någon annanstans** kanske inte delades av andra. Hon själv hade varit så uppspelt över tanken på att få flytta till en annan stad, börja ett nytt jobb och ett nytt liv, men för vissa så fanns hela deras liv på platsen där de redan bodde. Det var något hon aldrig hade tänkt på.

"Måste du ta jobbet?" Olivia tog ett djupt andetag.

"Ja," sa kvinnan, "Jag har redan tackat nej till flera andra jobb i andra städer, och om jag inte tar det här så får jag inte mer hjälp från Arbetsförmedlingen, och då förlorar jag min **A-kassa**. Jag flyttar på onsdag nästa vecka."

"Men din familj då?"

"De stannar här. Min man jobbar ju här och mina döttrar går i skolan. Jag får **pendla**, helt enkelt."

Det sas inget mer efter det, och när Olivia gick hemåt så kände hon sig både fundersam och irriterad. Det var galet att människor skulle tvingas flytta någon annanstans för att få jobb. De två kvinnorna skulle aldrig träffas igen, men den dagen förstod Olivia hur viktigt det var att se **saker och ting** från olika perspektiv. Inte alla människor uppfattar en situation på samma sätt, och vad som är positivt för en person kan vara negativt för en annan.

Sammanfattning av historien

Olivia har precis fått ett nytt jobb, och hon går ner till stranden för att titta på solnedgången. Hon har aldrig varit så lycklig. Nere på stranden så sätter hon sig på en bänk, och på bänken bredvid så sitter en annan kvinna. Det visar sig att de båda har fått nya jobb i andra städer, men det har helt olika känslor kring detta. För den ena så är det en dröm som har gått i uppfyllelse, och för den andra så är det en mardröm. Olivia lär sig att saker och ting kan se väldigt olika ut från olika perspektiv.

Summary of the story

Olivia has just gotten a new job, and she walks down to the beach to watch the sunset. She has never been so happy. Down at the beach she sits on a bench, and on the bench beside her sits a second woman. As it turns out, they have both gotten new jobs in other cities, but they have entirely different feelings regarding this. For one of them, moving away is a dream come true, and for the other, it is an absolute nightmare. Olivia learns that things can look very different depending on the point of view.

Vocabulary

varsin: each
uppsatt: put up (hair)
utsläppt: let down (hair)
mellanrum: space
arbetsmarknaden: labor market, job market
oerfaren: inexperienced
sökande: applicants
återkommit: gotten back/returned
hört av sig: gotten in touch
omgående: immediately, right away
beläget: located
pröva lyckan: try his/her/its/our/my/your/their luck
upprymd: excited
knallröd: bright red
glädjetårar: tears of joy
solnedgångar: sunsets
äkta: real
inte riktigt: not quite/not really
ingen fara: don't worry, no problem

solstrålarna: the sunrays
möjligheter: possibilities
synsett: point of view/way of seeing things
jämförelsen: the comparison
halvfullt: half full
halvtomt: half empty
bröt tystnaden: broke the silence
försiktigt: carefully
sneglade: glanced
nere: down
snarlika: similar
nedstämda: gloomy, depressed (toned down)
arbetslös: unemployed
arbetsförmedlingen: the Swedish Employment Agency
någon annanstans: somewhere else
A-kassa: unemployment benefits
pendla: commute
saker och ting: things (things and things)

Questions about the story

1. **Vad hade Olivia för frisyr?**

   a) Nedsläppt hår

   b) Knallrött hår

   c) Uppsatt hår

   d) Kortklippt hår

2. **När skulle Olivia flytta?**

   a) Nästa dag

   b) Nästa helg

   c) Nästa månad

   d) Nästa vecka

3. **Varför ville inte den andra kvinnan flytta?**

   a) Hon hade inga pengar

   b) Hon ville inte lämna sin familj

   c) Hon ville inte jobba

   d) Hon var nervös

4. **Vem skulle flytta till Sundsvall?**

   a) Ingen av dem

   b) Olivia

   c) Den andra kvinnan

   d) Båda två

5. **Vart utspelar sig historien?**

   a) Jönköping

   b) Sundsvall

   c) Stockholm

   d) Halmstad

Answers

1. C — Hair put up
2. D — Next week
3. B — She didn't want to leave her family
4. C — The other woman
5. D — Halmstad

CHAPTER 13

KONVERSATIONER PÅ ETT TÅG

För de som tog tåget till jobbet varje morgon så **innebar** varje resa någonting nytt. Det var nya människor, nya situationer, och nya konversationer som kunde höras i varje **tågvagn**. Vissa resenärer hade hörlurar och märkte aldrig detta, men för Robin så var det en av de bästa sakerna med att ta just tåget till jobbet. Han hade en bil och en cykel, men han **föredrog** tåget i alla fall. Ibland funderade han på att skriva en bok om alla sina observationer i **kollektivtrafiken**, men han hade ännu inte haft tid till att sätta igång. Robin jobbade i en **matvarubutik**, men han drömde om att bli **författare**, eller kanske journalist. Att skriva var det bästa han visste, och kanske var det därför han hade blivit så observant?

Måndagar var Robins favoritdagar, då resenärerna ofta såg lite extra trötta ut efter helgen, och många var **lättretliga** och irriterade. Ibland tänkte han på låten "I don't like Mondays" av The Boomtown Rats, och skrattade lite för sig själv. Hans **medresenärer** gillade **uppenbarligen** inte måndagar. Han klev på tåget lite extra tidigt den dagen och satte sig ner bredvid en äldre man med en tidning.

"Är det okej om jag sitter här?"

Mannen med tidningen svarade inte. Själv tog Robin fram ett skrivblock och en penna, för att dokumentera allt som **försiggick** den morgonen. Tåget lämnade stationen på **utsatt tid**, och började rulla fram längs tågspåret. Det var tät skog på varje sida. Robin sneglade bort mot en man och en kvinna som satt tillsammans.

"Nej Magnus," sa hon **anklagande**, "Jag är trött på det här."

"Men Malin," suckade denne Magnus, "Vad vill du att jag ska göra? Jag har **inget val**."

"Ja, **du kunde börja** med att lyssna på mig när jag säger något."

"Ibland måste man göra **vissa** saker Malin," sa Magnus, "Även om man vet att det är olagligt."

Robin **spetsade öronen**. Det var lite som en adrenalinkick att hitta en spännande konversation att **tjuvlyssna** på! Ibland kunde konversationerna vara väldigt tråkiga, men på måndagar fanns det **nästan alltid** något intressant att observera på tåget. Han satte pennan till pappret och började skriva ner konversationen han lyssnade på.

"Okej," sa Malin gnälligt, "men vad händer med mig då? Det du gör **påverkar** ju mig också. Vi är ju gifta. Har du tänkt på det?"

"Det är väl klart att jag har! Jag är ju inte egoist."

"Är du säker på det?"

"Malin," Magnus slängde ut med armarna, "**Nu får du ge dig**. Jag gör ju det här **för vår skull**."

"Vår skull?"

"Ja, tänk på pengarna vi sparar!"

"Det är ju inte våra pengar."

"Shhh!"

Där var Robin **tvungen att** flytta på sig så att mannen med tidningen kunde ta sig ut. De var framme vid hans tågstation. Mannen **pustade och stånkade** när han tog sig förbi Robin och ut i **tågets gång**, och han gav Robin **arga ögonkast** som om det vore hans fel att det var måndag och trångt på tåget. När han äntligen kunde sätta sig ner igen så hade han **missat en del** av konversationen mellan de två främlingarna.

"Okej," sa Malin, "men då vill jag också vara med."

"Va? Sa du inte nyss att jag var egoistisk?"

"Jo... egoistisk, och rik."

De skrattade så högt att damen som satt bakom dem **hoppade till**. Robin lutade sig framåt för att höra bättre. Vad pratade de om egentligen? Han hade lärt sig att skriva samtidigt som han lyssnade, och han kunde skriva trots att han inte tittade ner på pappret, och trots att tåget **skakade**.

"Malin," sa Magnus fundersamt, "**Förstår du** vad det här innebär?"

"Vad menar du?"

"Vi är typ som Bonnie... Bonnie och Clyde."

Det unga paret **fnittrade** tyst och Robin kunde se hur de kramade om varandra. Magnus gav Malin en **puss på pannan**. Ingen annan i tåget verkade ha **lagt märke till** deras märkliga konversation - alla var **upptagna** med att titta ut genom fönstret, **bläddra igenom** en tidning eller stirra ner på sina mobiltelefonsskärmar.

"Han är ett hot," Magnus **avbröt** Robins funderingar, "Vi måste **sätta stopp för** det. Sätta stopp för honom."

"Menar du...?"

"Ja. Känns det okej?"

"Vi har nog **inget val**," svarade Malin, "men kan du fixa det? Tror inte att jag skulle klara det faktiskt."

"Jag fixar det ikväll efter jobbet. Oroa dig inte."

Nu började Robin känna sig lite **obekväm**. Konversationen hade **tagit en ovanlig vändning**, och det var inte något som man brukade höra på tåget en måndagsmorgon. Det lät som om de pratade om något olagligt, där de behövde **göra sig av med** någon? Kanske hade han missförstått. Han satt trots allt och tjuvlyssnade. Men, tänkte Robin, tänk om de planerade ett **allvarligt** brott? Då var han kanske det enda vittnet, och **den enda** som kunde stoppa det. Det var en **skrämmande tanke**, och samtidigt så kände Robin sig **upprymd**. Detta kunde vara historien han hade väntat på! Något han kunde basera sin framtida bok på.

När sätet bakom paret blev ledigt så hoppade Robin upp och satte sig där istället - där han kunde både höra och se bättre. Han tittade nervöst på klockan. De var nästan framme vid hans tågstation, och han ville inte missa **upplösningen** på det intressanta scenario som **utspelade sig** framför honom.

"Är du säker på att han såg dig?" Malin såg lite frågande ut.

"Ja," svarade Magnus, "Han såg mig, men jag tar hand om det ikväll. Han **kommer inte säga något till någon.**"

I det ögonblicket så bromsade tåget in, och så reste sig paret upp. De var framme vid sin station. Robin ville nästan resa sig upp han också, eller **be dem** stanna tills han kunde lista ut vad de pratade om. Det gjorde han inte, och paret **klev av** och försvann.

Händelsen förändrade dock Robins liv, och han skrev senare en bok om det han hade hört. Han **hittade på** resten av historien själv. Boken blev en bästsäljare, och Robin köpte en ny bil för pengarna och slutade ta tåget. Kanske hade parets konversation varit helt oskyldig, men för Robin så blev det början på en ny framtid.

Sammanfattning av historien

Robin tar tåget till jobbet varje dag, och hans hobby är att tjuvlyssna på andra människors konversationer. En måndagsmorgon så sitter ett ungt par på tåget - Malin och Magnus - och de pratar om någonting olagligt. Robin antecknar konversationen och försöker lista ut vad de pratar om, men de kliver av tåget innan han får svar på sina frågor. Senare skriver Robin en bok baserad på händelsen.

Summary of the story

Robin takes the train to work every day, and his hobby is to eavesdrop on other people. One Monday morning, a young couple - Malin and Magnus - is sitting on the train, and they are talking about something illegal. Robin takes notes of the conversation while trying to figure out what they are talking about, but they get off the train before he finds answers. Robin later writes a book about the event.

Vocabulary

innebar: meant, amounted to

tågvagn: train car

föredrog: preferred

kollektivtrafiken: the public transport

matvarubutik: grocery store

författare: author

lättretliga: easily annoyed

medresenärer: fellow passengers

uppenbarligen: apparently, evidently

försegick: went on

utsatt tid: set time

anklagande: accusingly

du kunde börja: you could start

vissa: some

spetsade öronen: listened eagerly (sharpened ears)

tjuvlyssna: eavesdrop

nästan alltid: almost always

påverkar: affects

nu får du ge dig: stop it already

för vår skull: for us/for our sake

tvungen att: forced to

pustade och stånkade: huffed and puffed

tågets gång: the train aisle

arga ögonkast: angry glares

missat en del: missed a part

hoppade till: jumped, was startled

skakade: shook

förstår du: do you understand

fnittrade: giggled

puss på pannan: kiss on the forehead

lagt märke till: noticed

upptagna: busy

bläddra igenom: flip through

avbröt: interrupted

sätta stopp för: put a stop to

inget val: no choice

obekväm: uncomfortable

tagit en ovanlig vändning: taken an unusual turn

göra sig av med: get rid of

allvarligt: serious

den enda: the only one

skrämmande tanke: a scary thought

upprymd: excited

upplösningen: the resolution

utspelade sig: took place

kommer inte säga något till någon: won't say anything to anyone

be dem: ask them

klev av: stepped off/got off

händelsen: the event

hittade på: made up

Questions about the story

1. **Vart jobbar Robin?**

   a) På ett tåg

   b) I en matvarubutik

   c) Som författare

   d) Som journalist

2. **Hur känner Malin och Magnus varandra?**

   a) De är gifta

   b) De är syskon

   c) De har precis träffats

   d) De är vänner

3. **Vilken dag är det?**

   a) Fredag

   b) Tisdag

   c) Måndag

   d) Söndag

4. **Vad drömde Robin om att jobba som?**

   a) Chef i en matvarubutik

   b) Författare

   c) Tågkonduktör

   d) Journalist

5. **Vad hade Robin för hobby?**

   a) Att sjunga

   b) Att spela piano

   c) Att åka tåg

   d) Att tjuvlyssna

Answers

1. B — In a grocery store
2. A — They are married
3. C — Monday
4. B — Author
5. D — To eavesdrop

CHAPTER 14

FÖRSTA DAGEN PÅ JOBBET

Elvira la ut en vit skjorta och en svart kjol på sängen. Hon slätade ut alla **väck** och **rynkor**, tog bort ett katthår som hade **fastnat** i tyget, och tog ett steg tillbaka. Kläderna såg nästan ut att tillhöra någon annan. Elvira klädde sig vanligtvis i enkla jeans och enfärgade t-shirts. Hon hade en väldigt **ungdomlig** stil, men just den där dagen så skulle hon klä sig som en helt ny kvinna. En vuxen kvinna.

Klädd i sina **stiliga** kläder så gick Elvira in i köket och slog på kaffebryggaren. Hon tog ett djupt andetag och tittade i **almanackan** som satt på kylskåpet. **Dagens datum**, den 24:e oktober 2020, hade ett stort rött kryss i sin ruta. Elvira hade **förberett** sig på alla sätt hon kunde **komma på**; hon hade **övat** framför spegeln på hur hon skulle hälsa på sina nya **arbetskamrater**, hon hade provat över 15 olika klädkombinationer och hon hade testat nästan lika många frisyrer för att hitta en professionell look. Hon var redo för att ta sitt **första steg** in på arbetsmarknaden.

Med kaffe i en **bärbar** mugg, en sprillans ny **portfölj** under armen och med ett **påklistrat leende** så marscherade Elvira ut genom lägenhetsdörren och fram till bilen som stod parkerad utanför. Det var inte hennes bil, men hon hade lånat den av sina föräldrar för att se lite extra professionell ut på första arbetsdagen. Det var inget fel med att ta tunnelbanan, men just denna dag ville Elvira vara den nya tjejen som såg **förberedd**, **erfaren** och vuxen ut. Det var **förvisso** hennes allra första jobb, men det behövde ju inte hennes nya medarbetare veta om. Mobiltelefonen började vibrera i hennes portfölj och hon **rotade runt** för att hitta den.

"Hallå?" Hon hann precis svara.

"Hej!" Sa en manlig röst i telefonen. "Är det Elvira jag pratar med?"

Elvira tittade snabbt på telefonskärmen. **Dolt nummer**. Hon kände inte igen rösten och hon hade verkligen inte tid med detta! Det måste vara en **försäljare**, tänkte hon, och suckade. Hon fick **telefonsamtal** från försäljare nästan varje dag.

"Ja," mumlade hon lite **frånvarande**, "det är Elvira, men jag är inte intresserad av att köpa något just nu."

"Köpa något? Nej det här är Alfons."

"Alfons?"

"Ja, Alfons Sten. Din chef."

"Oj, ursäkta," Elvira **kippade efter luft**, "Förlåt, ber verkligen om ursäkt! Jag trodde att det var en försäljare."

"Det är ingen fara. Vi undrade mest om du tänkte komma in idag?"

Då blev Elvira helt kall. Hon tittade på klockan på handleden: 08.10. Hon **pustade ut**. Det var fortfarande 50 minuter kvar tills det att hon skulle börja, och det tog **betydligt** kortare tid att köra bil dit.

"Ja absolut," svarade hon så glatt hon kunde, "Jag är på väg nu!"

"Okej, du är ju lite sen! Vi börjar klockan 08.00 här."

"Va?" Elvira nästan skrek in i luren. "Jag menar, ja, absolut, har fastnat i trafiken bara! De håller på med något sorts **vägarbete**."

Det var en **ren och skär** lögn, men Elvira hade fått panik. Hur hade hon kunnat ta så fel på tiden? Hon hade planerat allt in i minsta detalj för att göra dagen så perfekt som möjligt, och så **visade det sig** att hon hade tagit fel på tiden? Hon la snabbt på och hoppade in i den lilla bilen. På med bältet, kolla speglarna och **justera** sätet - precis som hon hade lärt sig på **körskolan**. Hon satte nyckeln i **tändningen**, vred om och... ingenting hände. Bilen startade inte.

"Nej, nej, nej, nej," mumlade hon högt för sig själv, "Det här kan inte vara sant."

Hon gjorde **ytterligare** ett tiotal försök innan hon suckade djupt och sjönk ihop. Det nya jobbet såg ut att bli ett **fiasko**. Elvira hade inte ens börjat jobbet och hon hade redan gjort bort sig totalt. Skulle hon ens få jobba kvar?

"Så typiskt att det alltid ska bli så här."

Med en snabb rörelse så tog hon portföljen, kastade sig ut ur bilen och började springa mot **tunnelbanestationen**. Hon sprang så snabbt hon kunde i de blanka **klackskorna** hon hade valt för sin första jobbdag, och som tur var så låg stationen endast ett par **kvarter** bort. Nu var Elvira så stressad så att hon knappt kunde tänka, men om det inte hade varit för stressen så hade hon nog **brutit ihop** och gråtit.

"Hej," flämtade hon när hon kom fram till stationen, "Jag... behöver... en... biljett... tack. Snälla."

"**Bråttom** idag?" Mannen i biljettluckan log.

Elvira bara nickade. Hon hörde att tunnelbanetåget var **på ingång** - äntligen lite **tur i oturen**! Hon betalade för sin biljett och sprang så fort det bara gick ut på **perrongen**. Tåget kom in, stannade, och hon **slängde sig in** i vagn nummer två. När hon väl hade satt sig ner så kunde hon äntligen andas ut, men det hjälpte inte särskilt mycket.

"Kom igen, kom igen," tänkte hon och **trummade med fingrarna** mot armstödet, "Kom igen nu, tåget."

En minut senare rullade tåget igång igen, och Elvira var äntligen på väg mot den nya arbetsplatsen. Tiden gick sakta och trots att resan endast var tre stopp lång så kändes det som om det tog en **evighet**. Hon jublade nästan av glädje när hon äntligen var framme, och hon kastade sig ut genom dörren och sprang upp för trapporna och ut på gatan. Hon var äntligen framme. Det var verkligen inte såhär hon hade tänkt sig sin första dag - med **håret på ända** och **andan i halsen** - men nu var hon åtminstone på rätt plats. 08.55 - nästan en timme sen. Hon tog de sista stegen fram till byggnaden.

"Hallå?" Hon tittade sig omkring.

Det såg först ut att vara tomt i lokalen. Där fanns ett **flertal** skrivbord, kontorsstolar, en soffa och en bänk med en kaffebryggare.

"Hej där," hörde hon plötsligt bakom sig, "Titta vem som är här!"

Elvira **snurrade runt**, och där stod hennes chef, Alfons Sten, med ett allvarligt ansiktsuttryck och **armarna i kors**. Han hade mustasch och slätkammat hår, och han såg allt annat än glad ut.

"Förlåt," flämtade Elvira, "Jag ber så hemskt mycket om ursäkt."

Plötsligt log Alfons Sten stort och skrattade. Han **knäppte med fingrarna** och ett tiotal personer klev leende in i rummet. De applåderade och visslade.

"Nej," sa Alfons Sten, "Det är vi som ska be om ursäkt."

"Jag... jag förstår inte riktigt?"

"Det här är ett litet skämt vi brukar **utsätta** våra nya medarbetare för. Vi börjar klockan 09.00, och inte klockan 08.00. Vi skojade lite bara."

De andra kom fram för att skaka hand och klappa henne **uppmuntrande** på axeln, men Elvira bara stod och gapade. **När chocken hade lagt sig** så kunde hon inte längre hålla sig för skratt. Hennes första dag på jobbet hade verkligen inte blivit som hon hade tänkt sig, men det kanske skulle bli en rätt okej dag trots allt!

Sammanfattning av historien

Det är Elviras första dag på nya jobbet, och hon har förberett sig noggrant för att göra ett bra intryck. När hon är påväg ut genom dörren så ringer hennes chef. Han undrar vart hon är och Elvira inser att hon har tagit fel på tiden - hon är sen! I panik så springer hon till tåget, köper en biljett och ger sig iväg mot den nya arbetsplatsen. Hon känner sig otroligt stressad och nervös, men när hon väl kommer fram så berättar chefen att det endast var ett skämt, och att hon inte alls är sen! Elvira kan pusta ut.

Summary of the story

It is Elvira's first day at her new job, and she has been preparing carefully to make a good first impression. As she leaves her house, her boss calls. He asks where she is, and Elvira realizes she has gotten the time wrong - she is late! She panics and runs to the train, purchases her ticket and heads off towards her new workplace. She is feeling incredibly stressed and nervous, but when she gets there, her boss tells her that it was only a joke and that she isn't actually late! Elvira can relax.

Vocabulary

väck: fold/folds
rynkor: wrinkles
fastnat: gotten stuck
ungdomlig: youthful
stiliga: stylish
almanackan: the calendar
dagens datum: today's date
förberett: had prepared
komma på: come up with
övat: had practiced
arbetskamrater: work friends, colleagues
första steg: first step
bärbar: portable
portfölj: briefcase
påklistrat leende: glued-on smile, fake smile
förberedd: (being) prepared
erfaren: experienced
förvisso: certainly
rotade runt: dug around for
dolt nummer: hidden number
försäljare: salesperson
telefonsamtal: phone call
kippade efter luft: gasped for air
pustade ut: let out a sigh of relief

betydligt: considerably
vägarbete: road work
ren och skär: pure and simple
visade det sig: it turned out
justera: adjust
körskolan: the driving school
tändningen: the ignition
ytterligare: additionally
fiasko: fiasco, failure
tunnelbanestationen: the metro station, the subway station
klackskorna: the heels (shoes)
kvarter: block (in a neighbourhood)
brutit ihop: had broken down (collapsed)
bråttom: in a hurry
på ingång: incoming
tur i oturen: blessing in disguise
perrongen: the platform (train)
slängde sig in: threw him/herself/themselves in
trummade med fingrarna: tapped his/her/their fingers

evighet: eternity

håret på ända: messy hair (hair on end)

andan i halsen: out of breath (the breath in the throat)

flertal: multiple

snurrade runt: spun around

armarna i kors: arms folded

knäppte med fingrarna: snapped his/her/their fingers

utsätta: subject (someone to)

uppmuntrande: encouraging

när chocken hade lagt sig: when the shock had subsided

Questions about the story

1. Vad har Elvira på sig?

a) Svarta byxor

b) Svart kjol

c) Svart blus

d) Svarta shorts

2. Vem tror Elvira att det är som ringer?

a) Hennes chef

b) Hennes mamma

c) En mäklare

d) En försäljare

3. Hur tog sig Elvira till jobbet tillslut?

a) Med buss

b) Med tåg

c) Hon gick

d) Med bil

4. Kom Elvira försent till jobbet?

a) Nej, det var ett skämt

b) Ja, hon hade tagit fel på tiden

c) Det framgår inte

d) Ja, och hennes chef blev arg

5. Hur länge hade Elvira jobbat där?

a) Två dagar

b) Det var första dagen

c) Ett år

d) Nästan en månad

Answers

1. B — A skirt
2. D — A salesman
3. B — By train
4. A — No, it was a joke
5. B — It was her first day

CHAPTER 15

EN NYSTART

Det var en gång en man och en kvinna. De kände inte varandra, men **deras vägar skulle korsas** inom kort. Mannen, som hette Ola, var privatdetektiv. Dagens **uppdrag** gick ut på att **bevaka** en kvinna vid namn Lina. Han hade **anställts** för att följa efter henne en hel dag, dokumentera vad hon gjorde, var hon gick och vem hon träffade, och han skulle därefter rapportera **fynden** till sin klient. Jobbet var riktigt bra betalt och han hade förberett en lunchlåda så att han skulle kunna jobba **oavbrutet** från morgon till kväll.

Att jobba som privatdetektiv var inget lätt jobb - det krävde **noggrannhet**, diskretion och en **förmåga** att inte synas. Ola hade alltid varit lite **osynlig** - både när han gick i skolan och på tidigare jobb. Han var en sådan person som såg väldigt **alldaglig** ut, och som **smälte in** precis överallt. Hans kortklippta hår var ljusbrunt, han var medellång och hade ett vanligt och alldagligt ansikte. Inget med honom var särskilt speciellt, och som privatdetektiv så hade han äntligen hittat ett **användningsområde** för denna "talang".

"Då kör vi!"

Ola **spenderade** mycket tid ensam, och han hade vant sig vid att prata med sig själv lite då och då. Det blev ju trots allt lite ensamt när man inte hade några jobbarkompisar och ingen tid till **fritidsaktiviteter**.

När han först fick syn på **föremålet** för hans **utredning** – Lina – stod hon i sitt kök och diskade efter frukosten. Ola såg henne genom fönstret. Själv satt han parkerad på andra sidan gatan, med en kaffemugg i ena handen och **wienerbröd** i andra handen. Det var lite väl tidigt det, tänkte Ola, men ibland fick man **fuska** lite. Han tog upp en **kikare** ur väskan och riktade den mot Linas köksfönster. Hon hade en långärmad, grå **stickad** tröja på sig, och hennes långa rödblonda hår var **flätat**. Visst hade Ola sett henne på de bilder som klienten hade skickat, och han hade läst all information som fanns att lära sig om henne, men hon var ännu attraktivare än vad han hade väntat sig. Bilderna gjorde henne inte **rättvisa**.

Lina var 34 år gammal enligt informationen som Ola hade fått. Hon hade varit gift två gånger, och det var hennes senaste exmake som hade anställt Ola. Han ville veta om hon hade träffat någon ny sedan de skilde sig. Ola tyckte att det var lite oetiskt att vilja spionera på sin exfru, men så länge han fick betalt så klagade han inte. Lina hade två barn - sjuåriga **tvillingpojkar** - och Ola gissade att de precis hade ätit klart. Om exakt tio minuter skulle de komma ut genom dörren, hoppa in i bilen och **fara iväg** till barnens skola. Hon var väldigt punktlig, tydligen.

Ola körde en bra bit bakom Lina när de begav sig mot skolan. Han var alltid **noga** med att inte bli **upptäckt** och **avslöjad**, och det bästa sättet var genom att hålla avstånd. Det var trots allt en mindre stad och risken att han skulle **tappa bort** henne var relativt liten. När hon **bromsade in** framför skolbyggnaden **svängde** Ola in till **vägkanten**. Han tog upp en kamera och tog några snabba bilder när hon och barnen klev ur bilen, och han skrev ner den exakta tidpunkten i sitt **skrivblock**. 07.33.

När hon kom ut igen körde hon **vidare** mot stadens centrum. Hon **stannade till** på en bensinmack längs vägen, sedan på ett kafé där hon köpte en flaska vatten, och därefter spenderade hon nästan två timmar inne hos en frisör. Ola klagade inte - han var **van vid** att vänta, och han satt **tålmodigt** kvar i sin bil. Även här skrev han ner den exakta tidpunkten. 11.49. Själv var Ola otroligt **stolt** över sitt jobb, men han visste att hans föräldrar och de få vänner han hade var oroliga. De tyckte att han spenderade **alldeles för mycket** tid ensam, men så hade det alltid varit. Han var van vid det.

Nu kom Lina ut igen från **frisören**. Hon hoppade in i bilen och körde vidare. Ola följde efter. När hon kom fram till en korsning bromsade hon plötsligt, trots att hon hade **företräde**. Ola saktade också ner **så mycket han kunde**, men Linas bil stod kvar **mitt på** vägen. Han svängde in bakom en parkerad bil och **avvaktade**, men precis när han gjorde det så körde Lina iväg igen med en **rivstart**. **Återigen** följde Ola efter, först längs en lång rak väg, sedan till vänster, och sedan till höger. Han höll sig bakom **ett par** andra bilar för att inte bli upptäckt, men han kunde inte **förstå** vart hon var påväg. Trafiken blev allt **glesare** och det skulle bli svårt för Ola att smälta in.

Som tur var så svängde Lina tillbaka in mot stan, och Ola kunde **andas ut**. Hon körde till en **bokhandel**, stannade, och gick in. Ola hade dokumenterat alla hennes förehavanden och kände sig riktigt nöjd med arbetsdagen! Hans klient skulle bli nöjd han med, trodde han, och om klienten blev nöjd så innebar det en **omedelbar löningsdag**! Pengar var något som Ola gillade, då det var en av de få saker han kunde kontrollera. Om han jobbade hårt och **gjorde sitt bästa**, då tjänade han bra med pengar. Så hade det aldrig fungerat i privatlivet. Olas telefon ringde, och han hoppade till av förvåning.

"Hur går det?" Hans klient lät irriterad, men det gjorde han alltid.

"Det går alldeles **utmärkt**," svarade Ola med professionell ton.

"Vad gör hon just nu?"

"Handlar böcker kanske," Ola kikade i kikaren, "Hon är inne på Ragnars Böcker & Prylar."

"Va?" Nu lät klienten **snarare** arg. "Varför sitter du kvar i bilen? **Följ efter** henne!"

"In på bokhandeln," sa Ola frågande, "eller vad menar du?"

"Ja det är klart," skrek klienten, "Hon kanske träffar någon där inne! Det kanske är en dejt? Du är verkligen långsam för att vara privatdetektiv."

Efter att de hade lagt på så suckade Ola högt. Han gillade som sagt sitt jobb, men han gillade inte när någon sa åt honom *hur* han skulle jobba.

Det var lugnt och tyst inne i bokhandeln när Ola kom in. Damen bakom disken nickade och log vänligt, men hon sa ingenting. Först kunde han inte se Lina någonstans - det var så många hyllor fulla med böcker överallt. Han **smög runt** så tyst han kunde och försökte vara så diskret som möjligt, så att de andra kunderna inte skulle **fatta misstankar**. Hon var där inne någonstans, och även om han **tvivlade** på att hon var där för att träffa någon, så var det hans jobb att **ta reda på** det. När han nådde butikens bakre del så insåg han att hon inte var där, och han vände sig om för att gå tillbaka. Plötsligt stod han öga mot öga med Lina.

"Oj," var allt han fick fram, "Ursäkta."

Han **höll masken** och tog ett steg åt sidan för att släppa fram henne, men hon flyttade inte på sig.

"**Förföljer** du mig?"

"Nu förstår jag inte riktigt vad du menar." Ola log sitt mest intygande leende.

"Jag såg dig utanför mitt hus imorse. Sen såg jag dig utanför mina barns skola. Jag tyckte att jag såg dig ute på vägen också, men jag trodde att jag kanske inbillade mig."

"Jag..."

"Och nu är du här. Hej. Det var Simon som skickade dig, va?"

"Det kan jag inte säga något om," sa Ola, som visste att han var avslöjad, "**Sekretessbestämmelser.**"

"Tror han att jag har träffat någon ny?"

"Ja," Ola **kliade sig** i nacken, "något sånt ja."

"Okej, då har han rätt. Jag har träffat någon," sa Lina och sträckte på sig. "Här och nu. Vad säger du, ska vi gå och äta lunch?"

Sammanfattning av historien

Ola är en privatdetektiv som har anställts för att bevaka Lina - en kvinna i 30-årsåldern – för en dag. Han följer efter henne när hon kör sina barn till skolan, och sedan när hon kör runt stan till ett flertal olika destinationer. Det är Olas jobb att förfölja folk och han är van vid det, och han blir lite irriterad när hans klient ber honom följa efter Lina in på en bokhandel. Klienten är orolig för att hon ska ha stämt möte med någon där inne. Ola gör som han blir tillsagd och följer efter Lina in i affären, där blir han upptäckt och konfronterad.

Summary of the story

Ola is a private detective who has been hired to observe Lina - a woman in her 30s - for a day. He follows her as she drives her children to school, and then he follows her as she drives around town to multiple destinations. It is Ola's job to pursue people and he is used to it, but he gets a little annoyed when his client asks him to follow her all the way into a bookstore. The client is worried she might have set up a meeting there. Ola does as he is told and follows her into the store, but once in there, he gets caught and confronted.

Vocabulary

det var en gång: once upon a time

deras vägar skulle korsas: their paths would cross

uppdrag: mission

bevaka: watch/surveil

anställts: been hired

fynden: the discoveries

oavbrutet: uninterrupted

noggrannhet: thoroughness

förmåga: ability

osynlig: invisible

alldaglig: ordinary

smälte in: blended in

användningsområde: area of use

spenderade: spent

fritidsaktiviteter: leisure activities (in one's free time)

föremålet: the object

utredning: investigation

wienerbröd: Danish pastry

fuska: to cheat

kikare: binoculars

stickat: knitted

flätat: braided

rättvisa: justice

tvillingpojkar: twin boys

fara iväg: go away, drive away (in a vehicle)

noga: careful

upptäckt: discovered/caught

avslöjad: revealed

tappa bort: lose

bromsade in: slowed down

svängde: turned

vägkanten: the side of the road, the roadside

skrivblock: notebook

vidare: further

stannade till: stopped (briefly)

van vid: used to

tålmodigt: patiently

stolt: proud

alldeles för mycket: way too much

frisören: the hairdresser

företräde: precedence, right of way

så mycket han kunde: as much as he could

mitt på: in the middle of

avvaktade: awaited

rivstart: flying start, jump-start

återigen: once again

ett par: a couple (amount)
förstå: understand
glesare: more sparse
som tur var: luckily
andas ut: to let out a sigh of
relief
bokhandel: bookstore
omedelbar löningsdag:
immediate payday
gjorde sitt bästa: did
her/his/its/their best
utmärkt: excellent
snarare: rather

följ efter: follow
smög runt: snuck around
fatta misstankar: become
suspicious
tvivlade: doubted
ta reda på: to find out
höll masken: kept a straight
face
förföljer: following, stalking,
pursuing
sekretessbestämmelser:
privacy policy

Questions about the story

1. **Var åker Lina först?**

   a) Till en bokhandel

   b) Till en bensinmack

   c) Till barnens skola

   d) Till ett kafé

2. **Hur gamla var Linas barn?**

   a) Fem år

   b) Fyra och sju år

   c) Sju år

   d) Sju och åtta år

3. **Vem hade anställt Ola?**

   a) Linas första exmake

   b) Linas andra exmake

   c) Linas föräldrar

   d) En okänd klient

4. **Varför bromsade Lina in med bilen?**

   a) Hon kände sig förföljd

   b) Hon stannade vid ett rödljus

   c) Hon fick slut på bensin

   d) Hon hade glömt något

5. **Vad köpte Lina på kaféet?**

   a) Kaffe

   b) Läsk

   c) Ingenting

   d) Vatten

153

Answers

1. C — To her children's school
2. C — Seven years old
3. B — Lina's second ex-husband
4. A — She felt like someone was following her
5. D — Water

CHAPTER 16

DRÖMMEN OM ETT ANNAT LIV

De satt alltid vid bordet **allra längst bak** i restaurangen, **alldeles bredvid** fönstret, där de kunde se alla andra bord - både inne och på **uteserveringen**. Bettan och Stina var båda 46 år gamla och goda vänner, och deras **favoritsysselsättning** var att **skvallra**, tjuvlyssna och **spionera** på andra. De träffades varje tisdag eftermiddag klockan 14.00 för att **utbyta** historier och anekdoter.

"Stina," sa Bettan med stora ögon samtidigt som hon **tog en klunk** vatten, "Har du sett vem som sitter där borta?"

"Nej, vem då?"

Bettan **vred och vände** på sig för att försöka se vad hennes väninna pratade om, men allt hon såg var de gamla vanliga **stamkunderna**, och ett och annat okänt ansikte.

"Ser du henne inte?" Bettan nickade menande åt höger. "Hon sitter där borta, bredvid akvariet. Stirra inte, Stina!"

Stina hade alltid varit dålig på att vara diskret, och hon var känd i hela stan för att vara en riktig **skvallertant**, trots att hon var relativt ung. Kanske var hon så **uttråkad** av sitt eget alldagliga liv att hon behövde lite skvaller, då och då? Plötsligt såg Stina personen Bettan pratade om - en kvinna i deras ålder med kortklippt rött hår och stora solglasögon. Hon höll ett vinglas i handen och pratade entusiastiskt med mannen som satt på andra sidan bordet.

"Nä," utbrast Stina **häpet**, "Är det Josefin?"

"Ja, tillbaka i Sverige, tydligen."

Det var **mycket riktigt** Josefin. Josefin hade lämnat landet bara några dagar efter att de gick ut gymnasiet; de hade gått i samma klass hela deras skolgång, och hon hade **alltid velat** resa och upptäcka världen. Det hade hon gjort också. Stina och Bettan hade gift sig med sina **respektive** pojkvänner, och de hade båda fått barn innan de hunnit fylla 21. Vuxenlivet hade börjat direkt, med andra ord.

"Hon är **lyckligt lottad**," sa Bettan och skakade på huvudet, "Tänk bara vilket spännande liv hon har levt!"

"Ja," **instämde** Stina, "Hon har ju bott i Tyskland, på Cypern, i Venezuela och i Sydafrika! Hon har inga barn heller tror jag."

"Visst älskar jag mina barn," Bettan skrattade, "Men det hade varit skönt att **få slippa dem** ibland!"

De båda kvinnorna skrattade högt. De var lite avundsjuka på Josefin som hade sett så mycket av världen. De pratade ofta om vad roligt det skulle vara att resa, men de hade aldrig riktigt haft tid. Det var så **mycket som skulle göras** med barnen och allt, och då fick allt annat vänta. Det var dock inget fel med att drömma, och de drömde ofta om ett liv som det Josefin hade levt.

"Hon har säkert sett pyramider, träffat snygga latinska män och levt ett riktigt lyxliv."

"Ja, **kan du tänka dig**," Stina sneglade bort mot Josefin igen, "Lite orättvist är det ändå. Jag menar, hennes föräldrar betalade säkert för de där första resorna!"

"Tror du?"

"Jo, hennes familj är **välbärgad**, om jag inte minns fel."

"Där ser man," sa Bettan och såg eftertänksam ut, "Vissa har tur!"

I det ögonblicket kom servitören gåendes med deras lunch. Både Bettan och Stina beställde alltid samma mat, varje tisdag, och det hade de gjort i över 20 år. Bettan beställde stekt fisk med potatis, och Stina beställde spagetti med köttfärssås. Servitören behövde **inte ens** fråga vad de ville ha längre - **han visste redan**, vilket var både praktiskt och **tidseffektivt**. På tisdagar fick deras makar stanna hemma med barnen, och det var deras chans att komma ut och skvallra lite.

"Bettan," sa Stina efter en stund, "**Önskar du någonsin** att du hade väntat med att gifta dig och skaffa barn?"

Bettan blev tyst en stund, vilket var ovanligt med tanke på att hon alltid pratade, och hon rynkade pannan medan hon tuggade på en fiskbit.

"Ja, ibland," erkände hon tyst, nästan som om hon **skämdes**, "Jag önskar att jag kunde **byta** liv med Josefin. Inte alltid, men ibland. Du då?"

"Jo," Stina rättade till **tygservetten** som låg på bordet, "Jag hade också velat vara sådär **bekymmersfri**. Bara packa väskan och **ge sig iväg**, liksom! Vart som helst."

"Tror du att hon **ser ner på** oss?"

"Hur menar du?"

"Ja, tror du att hon tycker att vi är patetiska? Som aldrig har lämnat landet?"

Servitören **dök upp** med en ny **omgång** drinkar. De hade inte beställt en ny runda, men han visste precis vad de ville ha, och när de ville ha det. Bettan och Stina hade alltid varit väldigt stolta över att vara så **välkända** på restaurangen, men nu kändes allt med ens annorlunda.

"Vem är patetisk?"

Rösten **tillhörde varken** Bettan eller Stina, och de tittade förvånat upp. Där stod Josefin med ett brett leende.

"Josefin!" Utbrast de **i kör**.

"Jag tyckte väl att det var ni," skrattade Josefin och satte sig ner på en tom stol, "**Kul att ses!**"

Varken Bettan eller Stina hade märkt att Josefin **närmade sig**, och de undrade hur mycket av konversationen hon hade hört. De låtsades dock som ingenting och hoppades på det bästa. Josefin såg så snygg och **världsvan** ut där hon satt i sina höga stövlar och klänning. Stina och Bettan hade bara jeans och t-shirt på sig.

"Vi har ju inte setts på flera år!" Stina log stelt, "Inte sedan-"

"-Jag kom hem från Turkiet för två år sedan," **avbröt** Josefin, "Eller hur?"

"Precis. Bor du här nu?"

"Nej jag är bara hemma på semester igen. Jag bor i Marocko just nu!"

"Oj, wow," Bettan **spärrade upp ögonen**, "Vad spännande!"

"Ni då?"

"Nä," skrattade Stina, "Våra liv är nog väldigt tråkiga i jämförelse!"

"Vad menar du?" Nu såg Josefin förvånad ut.

"Vi har ju aldrig rest," sa Bettan, "eller gjort några sådana där spännande saker som du har gjort."

"Va? Skojar ni?" Josefin gapade. "Ni har ju allt! Allt som jag önskar att jag hade."

De tre kvinnorna tittade förvirrat på varandra. Bettan undrade om Josefin kanske **drev med** dem? Kanske var det ett skämt?

Servitören kom tillbaka för att hämta de tomma tallrikarna, och han höjde på ögonbrynet när han såg den tredje kvinnan sitta där. Bettan och Stina hade aldrig haft sällskap på en tisdag förut.

"Ja, alltså," fortsatte Josefin när hon såg båda deras ansiktsuttryck, "Jag har alltid drömt om att gifta mig, köpa hus och skaffa barn, men jag har inte haft turen att hitta rätt person."

"Har du?" sa Stina.

"Jag har rest jorden runt för att försöka hitta någon att dela livet med," Josefin suckade djupt, "Och ni hittade allt det här hemma. Ni anar inte hur avundsjuk jag är!"

Därefter berättade Bettan och Stina vad de hade pratat om, och att de hade varit avundsjuka på Josefin! De tre kvinnorna **skrattade hjärtligt** och sedan småpratade de en liten stund. När de skildes åt så undrade alla tre om det kanske var dags att göra vissa små förändringar, och om de kanske hade blivit lite väl fast i sina rutiner.

Sammanfattning av historien

Två väninnor, Bettan och Stina, träffas som vanligt på en tisdagseftermiddag. De träffas på samma restaurang varje vecka, och de älskar att sitta och skvallra om andra. Just denna tisdagen så får de syn på en gammal bekant - Josefin! Josefin har rest världen runt och har upplevt sådant som Bettan och Stina endast har kunnat drömma om. De är avundsjuka, och sitter precis och skvallrar om Josefin när hon dyker upp vid bordet och säger hej. De upptäcker att de har mer gemensamt än vad de först trodde.

Summary of the story

Two friends, Bettan and Stina, meet up as usual on a Tuesday afternoon. They go to the same restaurant every week, and they love to gossip about others. This particular Tuesday, they both spot an old acquaintance - Josefin! Josefin has traveled around the world and she has experienced things Bettan and Stina can only dream of. They are jealous, and they are just talking about her when she unexpectedly joins them at their table to say hi. They discover that the three of them have more in common than they first thought.

Vocabulary

allra längst bak: all the way back

alldeles bredvid: right next to

uteserveringen: the outdoor seating

favoritsysselsättning: favorite hobby

skvallra: to gossip

spionera: to spy

utbyta: exchange

tog en klunk: took a sip

vred och vände: twisted and turned

stamkunderna: the regulars (customers)

skvallertant: a gossipy older woman (closest English version: busy-body)

uttråkad: bored

häpet: in awe

mycket riktigt: indeed

alltid velat: always wanted

respektive: respective, each

lyckligt lottad: lucky

instämde: agreed

få slippa dem: get to be without them

mycket som skulle göras: much to be done

kan du tänka dig: can you imagine

välbärgad: affluent, well-off

inte ens: not even

han visste redan: he already knew

tidseffektivt: time efficient

önskar du någonsin: do you ever wish

skämdes: was ashamed

byta: switch/change

tygservetten: the cloth napkin

bekymmersfri: carefree

ge sig iväg: set off/take off

ser ner på: looks down on

dök upp: showed up

omgång: round (of drinks)

välkända: well-known

tillhörde varken: belonged to neither

i kör: in unison/simultaneously (speech)

kul att ses: good to see you/nice seeing you

närmade sig: closed in

världsvan: well-traveled, sophisticated

avbröt: interrupted

spärrade upp ögonen: widened his/her/their eyes

drev med: messed with

Questions about the story

1. Vilken dag är det?

a) Tisdag

b) Torsdag

c) Fredag

d) Söndag

2. Hur ofta träffas Bettan och Stina för att äta lunch?

a) Varje dag

b) En gång i veckan

c) En gång i månaden

d) En gång om året

3. Varför tror Bettan och Stina att Josefin ser ner på dem?

a) Hon är snyggare

b) Hon är rikare

c) Hon är smartare

d) Hon har rest

4. Varför är Josefin avundsjuk på Bettan och Stina?

a) De träffas ofta

b) De har egna familjer

c) De beställde godare mat

d) De har valt ett bättre bord

5. Var bor Josefin?

a) Afrika

b) Sydamerika

c) Moldavien

d) Marocko

Answers

1. A — Tuesday
2. B — Once a week
3. D — She has traveled
4. B — They have their own families
5. D — Morocco

CHAPTER 17

UT MED DET GAMLA

Huset luktade **unket** när Axel klev in. Han hade inte varit där på flera år. Sist han var där hade hans pappa suttit vid köksbordet och **rökt** en cigarett, precis som alltid, och själv hade han bara varit 25 år gammal. Nu var han 30. Tiden hade gått snabbt efter att han tagit examen på universitetet, och han hade flyttat direkt utan att tveka. Plötsligt hade han befunnit sig över 100 mil från **barndomshemmet**, och det hade aldrig blivit av att han åkte hem. Fem år.

Axel och hans pappa hade sällan pratat på telefon, då pappan inte var särskilt **pratsam**. Ibland hade de ringt till varandra, men då hade **samtalen** låtit **mer eller mindre** såhär:

"Hejsan, hejsan?!"

"Hej pappa!"

"Hur är det med dig då, **grabben**?"

"Jo, det är bra. Med dig då?"

"Bara bra, bara bra."

Därefter hade det nästan alltid **uppstått** en **obekväm tystnad**, då varken Axel eller hans pappa visste vad mer de skulle säga. De hade aldrig haft särskilt mycket **gemensamt**. Axels pappa - en hårt arbetande **snickare** som jobbade **mer än** 50 timmar i veckan och sov **mindre än** fem timmar per natt - hade aldrig riktigt förstått sig på sin son som föredrog **stillasittande** kontorsarbete. Axel var utbildad **ekonom**. Trots deras **olikheter** så hade de alltid kommit bra överens, även om de inte direkt hade någonting att prata om.

"Ja," brukade Axel säga efter några minuters tystnad, "Vad ska du göra ikväll då?"

"Tja," svarade alltid hans pappa, "Jag ska väl bara äta och sova tror jag."

"Okej."

"Okej. Men du," hade Axel sagt då tystnaden blev alldeles för **uppenbar**, "Jag måste nog lägga på nu, men det var kul att höras!"

I flera år hade deras telefonkonversationer låtit precis så, och där på köksbordet låg fortfarande den **bärbara hemtelefonen** som hans pappa hade **envisats** med att använda. Han hade inte velat ha någon mobil. Axel tog ett djupt andetag och **såg sig omkring**. Huset luktade rök, precis som det alltid hade gjort, och det var nästan som om någon nyss hade rökt färdigt en cigarett. Så var det dock inte, för det bodde inte längre någon i huset. Huset hade stått tomt i över en månad.

Axels pappa hade dött **oväntat**. En dag hade han varit där och de hade haft en av sina obekväma telefonsamtal, och nästa dag så hade ingen svarat när Axel ringde. Han hade ringt flera gånger, om och om igen, men han hade inte varit särskilt orolig. Kanske var hans pappa sen hem från jobbet, hade han tänkt, för trots att Axels pappa var 72 år gammal så hade han fortfarande insisterat på att jobba. Han hade vägrat **gå i pension**.

"Jag dör **hellre** än att gå i pension," hade han sagt en gång när Axel försökte övertala honom, "Jag tänker inte bli någon gammal **hemmasittande** gubbe."

Hans **önskan gick i uppfyllelse** tillslut, och han hade avlidit sittandes vid köksbordet efter en lång dag på jobbet. Det var hans granne som hade hittat honom där - framåtlutad över bordsskivan med telefonen i handen. Läkaren trodde inte att han hade lidit, utan snarare att det hade skett från den ena sekunden till den andra. En **hjärtattack**. Axel själv hade meddelats dagen därpå.

På **begravningen** hade det varit fullt av folk - vissa som Axel kände, och andra som han aldrig hade sett förut i hela sitt liv. Han hade inte insett hur många vänner hans pappa hade haft, och hur **omtyckt** han hade varit i byn. För Axel så hade hans pappa varit den där **tystlåtne** äldre mannen som bara tänkte på jobb, men det visade sig att han hade varit betydligt mer än så.

"Han var en rolig **filur**," hade en kvinna sagt, "Fick oss alltid att skratta!"

"Du skulle ha sett hur duktig han var på att dansa!" Sa en annan.

"Din pappa var den bästa fiskaren jag någonsin har träffat."

"Har du hört om när han **gick vilse** i Amsterdam?"

Alla historier som berättades var helt okända för Axel. Han hade aldrig tänkt på vad hans pappa gjorde på **fritiden**, och kanske hade han trott att han inte ens hade någon fritid? Allt det tänkte han på nu när han stod där i köket. Det är så lätt hänt att man glömmer att föräldrar också är människor, tänkte han, samtidigt som han öppnade en av **köksluckorna**. Det var hans jobb att städa upp i huset nu - välja ut det som skulle **sparas** och **slängas**, **säljas** eller **ges bort**. Huset skulle säljas och allt måste ut.

De flesta äldre människor brukar ha kunnat samla på sig tusentals prylar, men Axel upptäckte snabbt att hans pappa inte ägde särskilt mycket. Han hade allt det **nödvändigaste** som kläder, **köksutrustning**, möbler, **sängkläder** och handdukar, men det lilla

167

förrådet bredvid sovrummet var mest fyllt med serietidningar och gamla madrasser.

"Ut med det gamla," hade hans pappa ofta sagt, "och in med det nya."

Axel hade inte insett hur **bokstavligen** han menade det förrän nu. I sovrummet låg var sak på sin plats, och på något sätt såg det ut som om hans pappa snart skulle komma in genom dörren, slänga sig ner på sängen och somna efter en lång dag på jobbet.

Ju mer han tittade sig omkring, desto mer insåg han hur lite han hade vetat om sin pappa. Han hittade inget speciellt som **påminde** om honom, inget han kände att han ville behålla och inget som hade något särskilt sentimentalt värde. Alla saker i huset såg på något sätt så anonyma ut. Axel hade förväntat sig att han skulle vilja spara allt, och att det skulle kännas jobbigt och tungt att **städa ur** huset. Det gjorde det inte, och istället så kändes allt så overkligt - som en dröm.

Fem långa timmar senare så hade Axel packat ner allt i **kartonger**. Det hade blivit fler kartonger än vad han hade trott att det skulle bli, och nu stod alla där i prydliga rader. Tänk att det bara tog fem timmar att packa ihop ett helt liv? Under Axels uppväxt så hade han knappt sett sin pappa - han hade nästan alltid jobbat. Det var inte förrän nu som det slog honom hur lite han hade vetat om sin far, samt hur lite hans far faktiskt hade vetat om honom. På något sätt så hade de båda **intygat** sig själva om att ett dagligt telefonsamtal var allt som **krävdes**, och att det innebar att de var en far och en son som stod nära varandra. De borde nog ha ansträngt sig lite mer, men nu var det **försent** för det.

Han skulle precis gå ut och stänga dörren efter sig när han tittade in mot köket igen. Telefonen låg fortfarande kvar på bordet. Axel

tvekade i ett par sekunder, och därefter satte han ner kartongen han bar på och gick in igen. På något sätt var den vita plasttelefonen det enda objektet i huset som påminde honom om hans pappa. När han lyfte upp den så märkte han direkt att ett papper stack ut under **bordsduken**. Det var **utrivet** ur ett skrivblock och någon - **gissningsvis** Axels pappa - hade **klottrat ner** några snabba meningar med **blyertspenna**.

Fråga Axel hur det går på jobbet.

Ställa frågor om hans jobb. Visa intresse.

Säga att jag är stolt över honom och att jag saknar honom.

Fråga om han kanske vill komma och hälsa på.

Den sista meningen var **överstruken**. Axel stirrade på lappen framför honom, och plötsligt var det som om någon hade **spräckt bubblan** som hade omslutit honom sedan hans pappa dog. Han sjönk ner på en stol. Det var utan tvekan hans pappas **spretiga handstil**.

En stund senare lämnade Axel huset för sista gången. Kartongerna skulle hämtas upp av ett **flyttbolag** lite senare och doneras till **Frälsningsarmen**. Resten stod ute vid vägkanten och väntade på **sopbilen**. Det enda Axel hade tagit med sig därifrån var den bärbara vita telefonen.

Sammanfattning av historien

Axels pappa har nyligen dött, och Axel beger sig till hans hus för att städa och rensa bland alla prylarna. Det är hans jobb att bestämma vad som ska slängas och vad som ska sparas. När han kommer in i huset så inser han att han kanske inte kände sin pappa lika bra som han trodde, och han önskar att han hade ansträngt sig lite mer när han fortfarande levde. Efter att ha städat klart så upptäcker han en lapp vid sin pappas telefon som får honom att inse att hans pappa hade önskat samma sak, och han lämnar huset – med endast telefonen med sig.

Summary of the story

Axel's dad has recently died, and Axel heads to his house to clean and sort through his belongings. It is his responsibility to decide what should be saved and what should be thrown away. When Axel enters the house, he realizes that he didn't know his dad as well as he thought, and he wishes he would have tried harder while he was still alive. Once done cleaning, he finds a note by his dad's telephone that indicates that he had been wishing for the same thing. He leaves the house – taking only the telephone with him.

Vocabulary

unket: musty (smell)

rökt: smoked

barndomshemmet: the childhood home

pratsam: talkative

samtalen: the conversations

mer eller mindre: more or less

grabben: kiddo

uppstått: occurred

obekväm tystnad: uncomfortable/awkward silence

gemensamt: in common

snickare: carpenter

mer än: more than

mindre än: less than

stillasittande: sedentary

ekonom: economist

olikheter: differences

uppenbar: apparent

bärbara hemtelefonen: the portable landline phone

envisats: had insisted

såg sig omkring: looked around

oväntat: unexpected

gå i pension: to retire

hellre: rather

hemmasittande: sitting at home

önskan gick i uppfyllelse: the wish came true

hjärtattack: heart attack

begravningen: the funeral

omtyckt: liked (by other people)

tystlåtne: quiet (person)

filur: character

gick vilse: got lost

fritiden: the free time

köksluckorna: the kitchen cabinet doors

sparas: be saved

slängas: be thrown away

ges bort: be given away

nödvändigaste: the most essential

köksutrustning: kitchen equipment

sängkläder: bedding

förrådet: the storage unit

bokstavligen: literally

påminde: reminded

städa ur: clean out

kartonger: cardboard boxes

intygat: had convinced

krävdes: was required

försent: too late
tvekade: hesitated
bordsduken: the tablecloth
utrivet: ripped out
gissningsvis: at a guess
klottrat ner: had scribbled down
blyertspenna: pencil
överstruken: crossed out

spräckt bubblan: popped the bubble
spretiga handstil: sprawling handwriting
flyttbolag: moving company
Frälsningsarmen: the Salvation Army
sopbilen: the garbage truck

Questions about the story

1. Vad hade Axels pappa jobbat som?

   a) Ekonom

   b) Snickare

   c) Telefonförsäljare

   d) Fiskare

2. Varför kom Axel till huset?

   a) Han ville hälsa på sin pappa

   b) Hans pappa hade bett honom komma

   c) Hans pappa hade dött

   d) Hans pappa behövde hjälp med städning

3. Hur länge stannade Axel?

   a) Två timmar

   b) Fyra timmar

   c) Fem timmar

   d) Sju timmar

4. Vad var Axels pappa duktig på?

   a) Att spela kort

   b) Att sjunga

   c) Att städa

   d) Att dansa

5. Vad tog Axel med sig när han lämnade huset?

   a) En telefon

   b) En kartong

   c) En papperslapp

   d) En morgontidning

Answers

1. B — Carpenter
2. C — His dad had died
3. C — Five hours
4. D — To dance
5. A — A phone

CHAPTER 18

TALANGJAKTEN

Reportrarna **flockades kring** scenen och det var så många människor, kameror och mikrofoner att man knappt kunde se den unga mannen och den äldre damen som stod där framme. Publiken klappade händerna, **kamerablixtarna** lös upp rummet, och det lugnade inte ner sig förrän en man i kavaj ställde sig längst fram och **viftade** med armarna. Tystnaden la sig långsamt och alla satte sig ner.

Nu gick det tydligt att se vad som försegick. Den unga mannen på scenen hette Elliott och han var 19 år gammal. Den äldre damen hette Ulla och hon var cirka 50 år gammal, men ville inte **avslöja** sin ålder. Elliot och Ulla hade **nyss** vunnit en stor nationell **talangjakt**. Att två personer hade utsetts till vinnare var **högst ovanligt**, och det var första gången i talangjaktens historia som detta hade skett. Pressen **höll på att bli tokig** och alla ville få chansen att intervjua de två vinnarna, men den första intervjun skulle skötas av Aftonbladet - en av landets största **kvällstidningar**.

"Är vi redo att sätta igång?" En kvinna med kort lockigt hår stod framför dem med en mikrofon i handen. "Vi har lite **ont om tid**, är jag rädd."

Både Elliott och Ulla satte sig ner på varsin stol. Nu kunde man se att Elliot såg **strålande glad** ut, samtidigt som Ulla såg ut som ett riktigt **åskmoln**.

"Elliot," sa reportern, "Vi börjar med dig. **Hur känns det** att ha vunnit både talangjakten och 25,000 kronor?"

"Det känns fantastiskt," strålade Elliot, "Jag har drömt om det här i tio år!"

"Tio år?" Ulla **fnös**, och alla tittade förvånat på henne. "Jag har drömt om detta i 40 år."

"Oj," svarade reportern så glatt hon kunde, "Då måste du vara **ännu** gladare?"

"Nej."

"Nej?"

"Jag är riktigt **upprörd** faktiskt," sa Ulla och rättade till sina glasögon, "Det här är en skandal!"

Reportern och kameramännen började nu **skruva på sig**. Detta skulle ju vara ett **glädjefyllt** reportage, men Ulla verkade allt annat än glad.

"Jaha," skrattade reportern **stelt** och tittade sig omkring, "Men att vinna 25,000 kronor är väl **härligt**?"

"Härligt?" Ulla knöt nävarna. "Jag har väntat på det här sedan jag var ung, och så kommer den här lilla... lilla..."

Hon lutade sig ilsket mot Elliot, som tittade förvånat på henne. Hans leende var inte lika stort längre och han stirrade **misstroget** på den **späda** lilla damen.

"-lilla lusen," fortsatte Ulla, "och **roffar åt sig** hälften av mina prispengar och hälften av min berömmelse! Det är väl ändå inte **rättvist**?"

Det gick att se hur folk i den **kvarvarande** publiken började ta fram sina mobiltelefoner för att filma den märkliga händelsen, och många försökte dölja sina skratt. Reporterns leende blev allt stelare, men hon försökte **hålla masken** så gott hon bara kunde.

Det här var inte den typ av intervju hon hade tänkt sig, och hennes chef skulle antagligen inte bli särskilt glad han heller. Tusan också, tänkte hon, detta hade varit hennes chans att **visa vad hon gick för.**

"Så, Ulla," hon **rätade på ryggen**, "Du kanske kan berätta lite om dig själv?"

"Det finns inte så mycket att berätta," suckade Ulla och la armarna i kors, "Ni är väl ändå inte intresserade av vad en gammal tant som jag har att säga."

"Var lärde du dig att spela piano?"

"Jag har spelat så länge jag kan minnas," Ulla såg mer **avslappnad** ut, "Vi hade ett gammalt piano hemma, och jag **övade** och övade tills jag blev duktig på det."

"Där ser man! Och du då, Elliott? Hur kom det sig att du började sjunga?"

Elliot berättade om hur hans mamma hade köpt en leksaksmikrofon till honom när han fyllde fem år och hur han hade sjungit **ända sedan dess**. Elliott var en fantastisk sångare och det var inte särskilt överraskande att han hade vunnit talangjakten. Ulla var dock en extremt imponerande pianospelare och juryn hade inte kunnat välja mellan de två. Det var därför som tävlingen hade blivit **oavgjord**.

Därefter pratade de vidare om vilka musiker de inspirerades av och vad de hade för **förhoppningar** för framtiden. Elliot var **fortsättningsvis** väldigt entusiastisk och glad, och han berättade om sin dröm att spela på en stor scen i London.

"Och du då, Ulla?"

Ulla svarade inte, och istället satt hon tyst och med **blicken nedslagen**. Det var första gången under hela intervjun som hon inte såg arg ut.

"Är allt okej?"

"Ja," svarade Ulla eftertänksamt, "Jag har dock ingen dröm. Det här var min dröm, och nu vet jag inte riktigt vad jag ska göra."

"Du, Ulla," sa Elliott plötsligt, "Jag har en idé."

"Den idén kan du **hålla för dig själv** tycker jag." Ulla **plirade** ilsket på honom.

"Nej vänta lite nu," sa reportern och riktade mikrofonen mot Elliott, "Vi vill gärna höra vad du har för idéer!"

Hon försökte desperat **hålla god stämning** under intervjun. Hon hade jobbat som reporter i flera år, men detta var första gången hennes chef lät henne göra ett så stort reportage själv, och hon visste att hon inte skulle få fler chanser om det gick dåligt. Den här talangjakten var **årets största händelse**, och att få vara den som intervjuade inte bara en vinnare - utan två - det var en riktig ära.

"Jo," sa Elliott försiktigt, "Jag tänkte att vi kanske... kunde **slå oss ihop**?"

"Slå oss ihop?" Ulla stirrade på honom. "Vad menar du?"

"Ja, som en duett! Du spelar piano och jag sjunger. Jag kan inte spela något instrument alls och jag är så trött på att använda **förinspelad** musik."

Elliott tittade sig omkring med ett **bländande leende**. Han var riktigt snygg för sin unga ålder, och även om han var lite blyg själv så kunde han se hur folk **rodnade** när de pratade med honom. Han såg att Ulla var besviken över att behöva dela vinsten, och trots att hon varit så otrevlig mot honom så kunde han inte **låta bli** att lägga fram sitt förslag. Hon påminde honom lite om hans mormor, och kanske var det just det som gjorde att han **förblev** så **vänligt inställd** - trots hennes sura miner.

"Du menar att vi skulle starta ett band? Du och jag?" Ulla såg för första gången lite mindre **sur och tvär** ut. "Ja, varför inte?"

Nu var det reporterns tur att se lycklig ut! Detta var hennes chans att **vända på steken**, så att säga, och göra reportaget till något som var värt att minnas framöver.

"Ja," sa hon och blinkade mot de båda, "Ska ni inte ta och göra ett **spontant** litet **framträdande** här?"

"Nu?" Sa Elliott och Ulla i kör. "Här?"

"Varför inte?" Reportern sneglade bort mot produktionschefen som **gjorde tummen upp** och nickade. "Välj en låt som ni båda kan, och så ser vi vad som händer?"

15 minuter senare så var Ulla och Elliot redo. De hade fått hjälp av produktionen att byta om, pianot stod mitt på scenen och de hade valt en låt som de båda gillade och **kunde utantill**. Det hade visat sig att de hade nästan samma musiksmak, förvånande nog, trots **åldersskillnaden**. Det var Ulla som började spela först, och när Elliot sedan tog ton så skrek publiken rakt ut och ställde sig upp! Hans röst och och hennes pianospelande var som gjorda för varandra.

Sammanfattning av historien

En nationell talangjakt har precis avslutats, och för första gången så har två vinnare utsetts - Ulla och Elliott. Elliott är överlycklig över att ha vunnit första pris, men Ulla är missnöjd över att tvingas dela på priset med Elliott. De intervjuas av en kvällstidning där de båda delar med sig av sina känslor kring det hela, och när Ulla berättar att hon inte har några framtidsdrömmar så får Elliott en idé! Han föreslår att de ska slå ihop sina talanger och göra framträdanden tillsammans, vilket Ulla tillslut går med på.

Summary of the story

A national talent show has just concluded, and for the first time in history, there are two winners! Ulla and Elliott. Elliott is thrilled to have won first prize, but Ulla is upset that she has to share it with Elliott. They are interviewed by an evening newspaper where they share their thoughts and feelings, and when Ulla reveals that she doesn't have any dreams for the future, Elliott has an idea! He suggests that they unite forces and perform together, which Ulla eventually agrees to.

Vocabulary

flockades kring: gathered around

kamerablixtarna: the camera flashes

viftade: waved

avslöja: reveal

nyss: recently, a moment ago

talangjakt: talent show

högst ovanligt: highly unusual

höll på att bli tokiga: were losing their minds

kvällstidningar: evening newspapers

ont om tid: short of time

strålande glad: beaming with happiness

åskmoln: thundercloud

hur känns det: how does it feel

fnös: snorted

ännu: still

upprörd: upset

skruva på sig: to squirm, move around (uncomfortably)

glädjefyllt: joyful

stelt: stiff

härligt: wonderful

misstroget: distrustful

späda: fragile

roffar åt sig: takes for herself/himself/themselves/itself

rättvist: fair

kvarvarande: remaining

hålla masken: keep a straight face

visa vad hon gick för: show what she was made of/prove herself

rätade på ryggen: straightened up

avslappnad: relaxed

övade: practiced

ända sedan dess: ever since then

oavgjord: a tie/undecided

förhoppningar: hopes, aspirations

fortsättningsvis: further/continuously

blicken nedslagen: downcast look, low-spirited look

hålla för dig själv: to keep to yourself

plirade: fibbled

hålla god stämning: uphold a good atmosphere

årets största händelse: the biggest event of the year

slå oss ihop: get together/join forces

förinspelad: pre-recorded

bländande leende: bright/blinding smile

rodnade: blushed

låta bli: avoid

förblev: remained

vänligt inställd: with a friendly mindset

sur och tvär: grumpy and cross

vända på steken: turn things around (flip the steak)

spontant: spontaneously

framträdande: performance

gjorde tummen upp: gave a thumbs up

kunde utantill: knew by heart

åldersskillnaden: the age difference

Questions about the story

1. **Vem vann första plats i talangjakten?**

   a) Elliott

   b) Ulla

   c) Ingen

   d) Elliott och Ulla

2. **Vad för sorts talang har Ulla?**

   a) Hon dansar

   b) Hon spelar piano

   c) Hon sjunger

   d) Hon gör cirkuskonster

3. **Varför var Ulla så missnöjd?**

   a) Hon ville inte dela på förstaplatsen

   b) Hon ville inte bli intervjuad

   c) Hon var trött och ville gå hem

   d) Hon var hungrig

4. **Ulla påminner Elliott om någon - vem?**

   a) Om honom själv

   b) Om hans mormor

   c) Om reportern

   d) Om hans farmor

5. **Hur ofta hölls talangjakten?**

   a) En gång om året

   b) Två gånger om året

   c) Tre gånger om året

   d) Fyra gånger om året

Answers

1. D — Elliott and Ulla
2. B — She plays the piano
3. A — She didn't want to share first place
4. B — His (maternal) grandmother
5. A — Once a year

CHAPTER 19

ATT LYSSNA ÄR GRATIS

Matilda visste inte hur många gånger hon hade **gått förbi** mannen som satt utanför mataffären i centrum. Han satt alltid där, morgon som kväll, med en hatt **framlagd** framför sig. Vissa **släppte några** slantar i hatten när de gick förbi, och andra **låtsades** som om han inte var där. Mannen satt alltid ensam, och han tycktes bli **smutsigare** och mer **ovårdad** för varje dag som gick. Just Matilda hade alltid varit en av de som bara gick förbi, utan att lägga pengar i hatten, och hon hade aldrig ens funderat på vem han var, eller vad han gjorde där.

Det var inte förrän **den där dagen** när hon nästan snubblade på hans hatt som Matilda märkte att det faktiskt satt någon där. Först blev hon irriterad och **röt** nästan åt mannen. "Var lite försiktig," hade hon velat säga, men istället så skyndade hon vidare mot jobbet. Mataffären låg precis i **korsningen** där hon hoppade av bussen varje morgon, och där hon klev på igen senare på kvällen.

Dagen därpå såg hon tydligt mannen i sin **slitna** jacka och **trasiga** byxor. Inte för att hon direkt **brydde sig om** honom, men för att hon inte ville riskera att **snubbla** på hatten igen. Det sista hon ville var att ramla mitt på gatan - mitt framför alla människor! Det skulle ha varit otroligt **pinsamt**. Detta **självviska tankesätt** kanske fick Matilda att **framstå** som en otrevlig person, men hon kunde i själva verket vara riktigt trevlig, glad och hjälpsam! Ibland väljer vi människor **oavsiktligt** att inte se sådant som är ledsamt eller sorgligt, och kanske var det precis så för Matilda?

Senare den kvällen så var hon sen ut från jobbet, och hon sprang mot **busshållplatsen** precis när bussen körde iväg.

"Nej!" Ropade hon ut i mörkret. "**Attans!**"

Det var den första och enda gången hon någonsin hade missat bussen, och nu stod hon där med tre olika alternativ. Antingen så kunde hon gå hem, vilket skulle ta henne cirka två timmar, eller så kunde hon ta en taxi. En taxi skulle dock kosta henne minst 900 kronor, och det hade hon egentligen inte råd med, och då **återstod** endast det tredje alternativet - att invänta nästa buss. Just i det ögonblicket så hörde hon något som rörde sig bakom henne, och hon skrek till och vände sig om. Där satt mannen fortfarande kvar.

"Förlåt," mumlade han, "**Det var inte meningen** att skrämmas."

"Det är ingen fara," fick Matilda ur sig trots att hennes hjärta **bankade** stenhårt, "Jag såg dig bara inte."

"Nej," svarade mannen **lågmält**, "Det är det få som gör."

Matilda försökte först låtsas som om hon inte hade hört honom, men det var något inom henne som inte riktigt kunde **släppa det** hela. **Någon form av** nyfikenhet hade väckts, och kanske var det för att hon ville få tiden att gå snabbare tills nästa buss kom, men hon vände sig i alla fall om mot mannen.

"Är det okej om jag sätter mig här?" Hon pekade på bänken bredvid honom.

"Ja visst," sa mannen förvånat, "Slå dig ner. Jag heter Jens."

"Matilda," svarade Matilda.

"Du är nog den första som **någonsin** har velat sätta dig bredvid mig," sa han lugnt, "På väldigt många år i alla fall."

"Är du hemlös?" Matilda ångrade sig direkt. Det kanske var en **ohyfsad** fråga.

"Ja det skulle man kunna säga," svarade Jens och tittade ner på sina händer, "Jag bor här. **Tillfälligt.** Jag väntar på någon."

"Vem väntar du på?"

"Min dotter. Det var här jag såg henne sist."

Matilda sneglade på mannen. Han såg inte ut att ha **borstat håret** på flera år, och det **trassliga skägget** fick honom att se äldre ut än vad han egentligen var. Han såg inte ut som en pappa som väntade på sin dotter, speciellt inte med tanke på att han tycktes vänta varenda dag. Kanske var han lite **galen**? Det skulle nog vem som helst bli om de tvingades bo på gatan, tänkte Matilda.

"Har du väntat länge? På din dotter, alltså."

"Sedan 1994," svarade Jens snabbt.

"1994?" Matilda kunde inte **dölja sin förvåning.** "Det är ju 26 år sedan!"

"Har det verkligen gått så lång tid?" Jens såg sorgsen ut. "Det känns som igår."

Det var kyligt ute och Matilda lade märke till att mannen bara hade sin tunna sommarjacka och en liten filt med sig. Själv hade hon en varm lägenhet att åka hem till, med en dusch och en bekväm säng.

"Har du väntat *här* i 26 år?" Hon kunde inte låta bli att fråga.

"Ja, som sagt. Jag bor här nu."

"Får jag fråga varför du väntar på din dotter just här?"

Nu kom nästa buss **inrullande** och Matilda tittade på klockan. Det var den näst sista bussen som skulle passera hållplatsen, och nästa buss skulle komma **en halvtimme senare** om allt gick som det ska. Hon tvekade ett par sekunder, men sedan lät hon bussen åka vidare utan henne.

"Var inte det där din buss?" Jens såg undrande på henne.

"Nej," Matilda skakade på huvudet, "Min buss kommer nog inte förrän **om en liten stund**. Om det är okej så skulle jag gärna vilja veta mer om dig och din dotter?"

Därmed började Jens berätta sin sorgliga och samtidigt så imponerande historia. Han berättade att han hade haft ett stabilt **kontorsjobb** en gång i tiden, och att han hade gått till jobbet varje dag i **kostym** och med slätkammat hår. De hade bott i en lägenhet, han och hans fru, och de hade båda blivit överlyckliga när det visade sig att de **väntade barn**. Matilda lyssnade ivrigt när mannen berättade om hur de två första åren med dottern hade varit fantastiska, men hur deras förhållande hade börjat **falla isär** när hon fyllde fyra år. När de skildes så var dottern fem år gammal.

"Vad hände sen?" Matilda tittade nu rakt på Jens. "Vad hände med din dotter?"

"Hennes mamma träffade en ny man, de gifte sig, och sedan ville de **flytta utomlands**," Jens torkade bort en tår från kinden, "Jag sa nej, såklart, för jag ville ju ha min dotter här med mig."

"Det förstår jag!"

"Det blev en **vårdnadstvist**," fortsatte han utan att låtsas om Matilda, "och de hittade på en massa lögner om mig. De påstod att jag var en dålig pappa. En **hemsk person**."

Han höll för ansiktet med händerna och tog djupa andetag. Matilda visste inte vad hon skulle säga eller hur hon skulle reagera. Hur tröstar man någon som man inte känner?

"Min exfru fick **vårdnaden**, och jag fick träffa min dotter en sista gång innan de flyttade," mannens röst darrade, "Vi träffades här. Precis här."

Därefter berättade Jens att han hade sagt till sin då sjuåriga dotter att han skulle vänta på henne där, om hon ville komma tillbaka en dag. Att om hon någonsin behövde honom, då skulle hon hitta honom där. Det hade bara varit en sådan där sak som vuxna säger för att **trösta** ett litet barn, men när hon väl var borta så hade depressionen satt in. Jens hade slutat gå till jobbet, och han **fick sparken** och förlorade lägenheten han bodde i. Han hade blivit hemlös, och då hade han **sökt sig tillbaka** till platsen där han hade lovat sin dotter att finnas på. En liten del av honom hoppades fortfarande att hon skulle **dyka upp** en dag, och att hon kanske mindes vad som hade sagts den där dagen.

"Tror du att hon kommer tillbaka?" Han tittade på Matilda med bedjande ögon. "Tror du att hon minns?"

"Jag hoppas det."

När den sista bussen kom så sa Matilda tack och hej till mannen utanför mataffären, och så åkte hon hem till sig. Hem till sin trygga lägenhet, hem till sin varma säng, som hon nu **uppskattade** mer än vad hon någonsin hade gjort tidigare.

Sammanfattning av historien

Matilda tar alltid samma väg till jobbet. En dag så missar hon bussen hem, och hon sätter sig ner bredvid en hemlös man. Mannen sitter alltid där, varje dag, och de flesta lägger aldrig märke till honom. För att få tiden att gå fortare börjar hon prata med mannen, och hon upptäcker att han har en intressant historia som hon inte hade förväntat sig, och att det inte är en slump att han sitter där han sitter.

Summary of the story

Matilda always takes the same way to work. One day she misses her bus on her way home, and she sits down next to a homeless man. The man always sits there, every day, and most people never even notice him. To make time go faster, Matilda starts talking to him, and she discovers that he has a very interesting story to tell - one she did not expect. It is not a coincidence that he sits in that exact spot.

Vocabulary

gått förbi: had walked past
framlagd: put forward
släppte några: dropped some
låtsades: pretended
smutsigare: dirtier
ovårdad: unkept
den där dagen: that day
röt: snapped
korsningen: the intersection
slitna: worn out
trasiga: ripped/broken
brydde sig om: cared about
snubbla: trip (almost fall)
pinsamt: embarrassing
själviska tankesätt: selfish way of thinking
framstå: appear
oavsiktligt: unintentionally
busshållplatsen: the bus stop
attans: darn/bummer/shoot
återstod: remained
det var inte meningen: didn't mean to
bankade: slammed
lågmält: in a low voice
släppa det: let it go

någon form av: some type of/some form of/some sort of
någonsin: ever
ohyfsad: rude, ill-mannered
tillfälligt: temporarily
borstat håret: had brushed his/her/their hair
trassliga skägget: the tangled beard
galen: crazy, mad
dölja sin förvåning: hide her/his/their surprise
inrullande: rolling in
en halvtimme senare: half an hour later
om en liten stund: in a little while
kontorsjobb: office job
kostym: suit
väntade barn: were expecting a baby
falla isär: to fall apart
flytta utomlands: to move abroad
vårdnadstvist: custody battle
hemsk person: terrible person
vårdnaden: the custody

trösta: to comfort (someone)

fick sparken: was fired

sökt sig tillbaka: sought his/her/their/its way back

dyka upp: show up

uppskattade: appreciated

Questions about the story

1. **Varför börjar Matilda prata med Jens?**

   a) Hon ville inte åka hem
   b) Hon hade tråkigt
   c) Hon kände igen honom
   d) Hon hade missat bussen

2. **Vad ville Jens exfru göra?**

   a) Köpa en ny bil
   b) Gifta sig med någon annan
   c) Skaffa fler barn
   d) Flytta utomlands

3. **Vilken buss tog Matilda?**

   a) Sista bussen
   b) Näst sista bussen
   c) Hon tog en taxi
   d) Hon gick hem

4. **Varför förlorade Jens jobbet?**

   a) Han var trött på att jobba
   b) Han slutade gå dit
   c) Han sa upp sig
   d) Han följde inte order

5. **Vad gjorde Matilda i slutet av historien?**

   a) Hon bjöd hem Jens till sin lägenhet
   b) Hon stannade kvar utanför mataffären
   c) Hon beställde en taxi till Jens
   d) Hon åkte hem själv till sin lägenhet

Answers

1. D — She had missed the bus
2. D — Move abroad
3. A — The last bus
4. B — He stopped going
5. D — She went back to her apartment by herself

CHAPTER 20

JAG VILL HA BREDBAND, TACK

Det hade varit en lång dag på jobbet med **hundratals** telefonsamtal. Andreas var duktig på sitt jobb som **kundtjänstmedarbetare** hos Tolvans internetservice. Han tog **samtal** efter samtal, hjälpte de kunder som behövde hjälp och såg till så att alla blev **nöjda** och glada. De flesta problem var enkla att lösa, och varje samtal tog **i genomsnitt** cirka fem till tio minuter. Att han var så pass effektiv hade gjort honom till en av företagets bästa kundtjänstmedarbetare, och det var inte första gången han slog rekord i antal **mottagna** och lösta problem.

Arbetsdagen var nästan slut och Andreas började känna sig lite **rastlös**. Det var **lördagseftermiddag** och färre **inkommande** samtal än vanligt, men plötsligt så blinkade den lilla röda lampan igen. Inkommande samtal.

"Hej och välkommen till Tolvans internetservice," sa Andreas mekaniskt, "Jag heter Andreas. Vad kan jag hjälpa till med?"

Det var tyst i luren en stund, men Andreas kunde höra hur någon andades. Han väntade tålmodigt, precis som han hade blivit **tränad** till att göra, men när inget svar kom så gjorde han ett nytt försök.

"Hallå, hallå, Andreas här. Kan jag hjälpa till med något?"

"Hej," sa **en darrig liten röst** som mest troligt tillhörde en äldre kvinna, "Ja tack, jag behöver hjälp."

"Okej, då ska vi ta och hjälpa dig," sa Andreas entusiastiskt, "Är du kund hos oss?"

"Ja, jag har precis köpt **bredband**, men det händer inget."

"Fungerar inte ditt internet, menar du?"

"Precis, jag ville ju kunna surfa på internet, men det här fungerar inte."

Andreas **försäkrade** damen om att de snabbt skulle lösa problemet. Han bad om hennes **kundnummer**, och så knappade han in det i systemet. Hennes namn, "Karin Svederdal" dök snabbt upp på skärmen.

"Är det Karin jag pratar med?"

"Det är Karin, ja."

"Okej," sa Andreas och **rättade till** sitt headset, "Har du satt i sladden?"

Han följde ett noggrant protokoll som han numera kunde utantill, och förberedde sig för att ställa alla standardfrågor och göra **felsökningar**.

"Ja."

"Okej, har du följt anvisningarna på förpackningen?"

"Ja det har jag minsann," sa Karin trött, "Jag har gjort allt som står i **beskrivningen**."

"Och du har fortfarande inget internet?"

"Nä, det händer inget alls. Allt är som vanligt."

"Det var märkligt," Andreas **knappade på datorn**, "Men oroa dig inte! Vi löser det här."

Tio minuter senare så hade de fortfarande inte hittat lösningen på Karins problem. Andreas **misstänkte** att hon kanske inte helt förstod hans instruktioner, då han aldrig hade varit med om att det var så svårt förut! Han var ju Andreas - företagets bästa **problemlösare**. Han knappade frenetiskt på datorn, gjorde felsökningar, dubbelkollade med chefen så att det inte handlade om ett produktionsfel och **tänkte så att det knakade**. Nej, Andreas tänkte inte ge upp, han skulle hjälpa den här kunden också.

Under sina snart fyra år på jobbet hade han inte misslyckats med en enda kund, och denna Karin skulle sannerligen inte bli hans första misslyckande. Hur svårt kunde det egentligen vara att få igång ett bredband och ett modem?

"Kan du göra mig en **tjänst**, Karin," sa han, "Kan du titta under modemet vad det står för årtal och modell där?"

"Ja visst," det prasslade i luren, "Det står... 2019."

"Dåså," suckade Andreas, "Då är det inte **åldern** på modemet som är problemet i alla fall."

"Min ålder?!" Karin skrek till.

"Nej, nej," sa Andreas snabbt, "Jag menar modemet, inte din ålder."

"Jasså, jag trodde att du sa att min ålder var problemet."

Inners inne så undrade han dock om hennes ålder kanske faktiskt *var* problemet, då det verkade osannolikt att ingen av de metoder han hade **föreslagit** hade fungerat. Det var så typiskt att något sådant här skulle hända precis när han var påväg hem. Han torkade svetten ur pannan, för trots att **luftkonditioneringen** var på så började Andreas känna sig riktigt stressad. Klockan var redan 17.05 - fem minuter efter det att hans **arbetsdag** hade tagit slut, men de hade en policy som gjorde att de inte fick avsluta ett samtal **förrän** kunden var nöjd.

"Kan du kolla **en gång till** om modemet verkligen är ordentligt **inkopplat** i vägguttaget? Testa **vicka** lite på sladden."

"Har testat nu," Karin suckade, "Fungerar fortfarande inte. Det här var ett riktigt **uselt** bredband! **Vilket slöseri** med pengar."

"Jo men..."

"Det var barnbarnen som tyckte att jag skulle ha sånt där... sånt där internet," gnällde hon otåligt, "Men jag borde ha förstått att det bara skulle bli problem."

"Vi löser d-"

"Jag vill ha pengarna tillbaka!" Nu lät Karin arg på riktigt. "Jag får köpa ett annat bredband istället, för ert företag säljer visst bara **skräp**!"

Det var inte första gången som Andreas tvingades **handskas** med argsinta kunder, och många hade varit betydligt argare än Karin! Skillnaden var att han denna gång inte kunde lösa problemet. Han visste innerst inne att det inte var Karins fel att han kände sig frustrerad, och han tog ett djupt andetag.

"Vi kanske **eventuellt** måste skicka över en tekniker," sa han tillslut, "Det verkar som om du har ett problem som är ovanligt svårt att lösa."

"...Eller så kanske det är du som är lite **oduglig**?"

Varför hade han inte bara ignorerat det där samtalet, och låtit en kollega ta det istället? Om han hade gjort det hade han varit påväg hem nu, och han hade fortfarande haft rekordet som den som aldrig hade misslyckats.

"Karin, är du fortfarande kvar?" Andreas var påväg att ge upp.

"Ja."

"Kan du testa **koppla ur** modemet och **koppla in** det igen?"

"Sådär," sa Karin nästan direkt, "det händer fortfarande inget."

"Okej," Andreas slog ut med händerna i en hopplös gest, "Kan du kolla på din **dator** om du ser den lilla **bredbandssymbolen**?"

"Dator?"

"Ja, kolla det så är du snäll."

"Nej men jag har ingen dator! Måste man ha det?"

Sammanfattning av historien

Andreas är precis påväg att sluta jobbet för dagen. Han jobbar som kundtjänstmedarbetare, och när det nästan är dags att gå hem så ringer telefonen ytterligare en gång, och han bestämmer sig för att ta ett sista samtal. Det visar sig vara en dam som inte kan få sin nya internetuppkoppling att fungera, och hur Andreas än försöker så kan de inte hitta någon lösning! Både han och damen i telefonen blir allt mer frustrerade. Tillslut så inser de att problemet är att hon inte visste att hon behövde en dator!

Summary of the story

Andreas is just about to finish work for the day. He works as a customer service agent, and right before he clocks out the phone rings again, and he decides to take one last call. The lady on the other end needs help with her broadband internet connection, as she hasn't been able to get it to work. Andreas tries everything to find a solution, and both him and the lady become increasingly frustrated. At last, they realize that the problem is the fact that she didn't know a computer was needed!

Vocabulary

hundratals: hundreds

kundtjänsmedarbetare: customer service agent

samtal: call (phone)

nöjda: pleased/satisfied

i genomsnitt: on average

mottagna: received

rastlös: restless

lördagseftermiddag: Saturday afternoon

inkommande: incoming

tränad: trained

en darrig liten röst: a shaky little voice

bredband: broadband/internet

försäkrade: ensured

kundnummer: customer ID number

rättade till: fixed

felsökningar: trouble shooting

beskrivningen: the manual (the description)

knappade på datorn: typed on the computer

misstänkte: suspected

problemlösare: problem solver

tänkte så att det knakade: thought hard (saying)

tjänst: favor

åldern: the age

föreslagit: had suggested

luftkonditioneringen: the air conditioning

arbetsdag: workday

förrän: until

en gång till: one more time

inkopplat: connected

vicka: wiggle

uselt: lousy

vilket slöseri: what a waste

skräp: garbage

handskas: handle

eventuellt: possibly

oduglig: useless

koppla ur: disconnect

koppla in: connect

dator: computer

bredbandssymbolen: the WiFi symbol

Questions about the story

1. **Vad är Andreas påväg att göra när telefonen ringer?**

   a) Gå och äta

   b) Gå hem

   c) Gå på toaletten

   d) Börja jobba

2. **Vad jobbade Andreas med?**

   a) Hjälpa kunder via telefon

   b) Sälja bredband

   c) Reparera bredband

   d) Hjälpa kunder via internet

3. **Varför fungerar inte Karins bredband?**

   a) Det är trasigt

   b) Det är inte inkopplat i vägguttaget

   c) Hon har ingen dator

   d) Det är för gammalt

4. **Vems fel är det att bredbandet inte fungerar?**

   a) Karins fel

   b) Andreas fel

   c) Internet-modemets fel

   d) Karins barnbarns fel

5. **Vad ber Karin om?**

   a) Ett nytt modem

   b) Nya sladdar

   c) Pengarna tillbaka

   d) Ingenting

Answers

1. B — Go home
2. A — Help customers over the phone
3. C — She doesn't have a computer
4. A — Karin's fault
5. C — Her money back

CONCLUSION

So, you've now read all of the stories in our *Swedish Short Stories for Beginners* book! Well done! This means you've acquired a tremendous amount of new vocabulary covering a lot of different topics. Furthermore, you have also strengthened your understanding of Swedish grammar, especially verbs, declension and sentence structure, without even noticing it!

Never forget: learning a language doesn't *have* to be boring if you find the right way to do it. Hopefully we've provided you with a hands-on, fun way to expand your knowledge of Swedish and you can apply what you've learned to your future ventures. Feel free to use this book again when you need to go back and revise some vocabulary and expressions — in fact, we encourage it.

Here are some last very useful tips on how to keep improving your Swedish that will complement the progress you've already made by reading this book:

1. **Make use of the Internet and social media:** tackling an entire novel in Swedish might be the next step for some, but if it isn't, don't despair! If you search for some Swedish websites or social media channels (including YouTube) about subjects of your interest, you'll find that learning through language immersion is much easier in the digital age.
2. **Find a language exchange partner:** a lot of Swedish speakers speak another language and are often actively trying to improve it. You can easily find a language exchange partner

online who speaks native Swedish, but also your native language. A classic win-win situation!

3. **Put your existing knowledge into practice:** learning by doing also goes for language learning. So, look for ways you can use the Swedish you've learned so far in practice by speaking or writing. It could be by writing blog posts, recipes, short stories, or talking about your life experiences and interests in Swedish.

Believe in yourself and never be ashamed of making mistakes. Even the best can fall; it's those who get up that can achieve greatness! Take care!

P.S: Keep an eye out for more books like this one; we're not done teaching you Swedish! Head over to www.LingoMastery.com and read our articles and sign up for our newsletter. We give away a lot of free stuff that will accelerate your Swedish learning and you don't want to miss it!

Free Book Reveals the 6-Step Blueprint That Took Students **from Language Learners to Fluent in 3 Months**

- **6 Unbelievable Hacks** that will accelerate your learning curve

- **Mind Training:** why memorizing vocabulary is easy

- **One Hack to Rule Them All:** This <u>secret nugget</u> will blow you away...

Head over to **LingoMastery.com/hacks**
and claim your free book now!

Made in the USA
Coppell, TX
18 May 2022

77907255R00125